DOOR DUITSE PUINEN

D1719183

Door Duitse puinen

Bert Cornelis

MANTEAU
non-fictie

Voor mijn ouders

**'NIEMAND HAT DAS RECHT ZU VERGESSEN –
UND NIEMAND DARF VERGESSEN –
UM DES LEBENS –
UM DER MENSCHHEIT WILLEN.'**

(Tekst op het monument op de gedenkplaats van
het Duitse werkkamp Langenstein-Zwieberge)

INHOUD

I WAT VOORAFGING 9
  'Honger' 9
  Van de scouts naar het verzet 12
  Niemandstijd 19

II NAAR DE KAMPEN 25
  De aanhouding 25
  Breendonk 27
  Buchenwald 41
  Halberstadt-Langenstein-Zwieberge 45
  Kerstmis 1944 52

III DE DODENMARS 57
  Paniek 57
  Brandende schuren 62
  Op de vlucht 65
  Opnieuw opgepakt 69

IV BIJ DE RUSSEN 75
  De wraak 75
  Vuur maken 77
  Bevrijd 79
  Blijven vechten 86
  Radeloze Duitsers 91
  Wodka en vrouwen 96
  Over de Elbe 100
  Daar is een Rus gestorven 107

V BIJ DE AMERIKANEN 111
Trukendoos 111
Over de Mulde 115
Verzamelkamp Wörmlitz 118
Opvangkamp Sachsenhausen 120
Münster 124

VI TERUG THUIS 127
Luik 127
Rotselaar 129

VII DE SCHULDVRAAG 135
Daderschap 135
De burgemeester-führer 136
De aanslag 137
Horror in de kelder van de rijkswacht 141
Verklikking 143
Partizanen aan het werk 147
'Vaderlandse en onbaatzuchtige bedrijvigheid' 149

DANKWOORD EN VERANTWOORDING 157

CHRONOLOGIE 161

BRONNEN 165

I

WAT VOORAFGING

'HONGER'

'Sommige van de verhalen die ik vertelde, groeiden zelfs zo dat ik
moest ingrijpen.
Ik had namelijk gezegd dat ik opgehangenen "afgehaakt" had. (In
mijn dialect: afgehokt). Slechte verstaanders hadden er van gemaakt:
"afgekookt" (dialect: afgekokt). Moest men er dan verbaasd over zijn
dat soms de meest fantastische geruchten verspreid werden? Zo ben ik
dan op de gedachte gekomen in boekvorm te laten verschijnen wat ik
sinds mijn bevrijding meegemaakt heb. Mocht het blijken dat een
dergelijk boek in deze tijd nog kan gewaardeerd worden en een
gunstige bijval mocht genieten, zou ik niet aarzelen mijn belevenissen
in de kampen ook aan het papier toe te vertrouwen.'

Zo eindigt 'Honger', het verhaal dat politieke gevangene Louis Van Meel,
overlevende van de kampen Breendonk en Buchenwald, na zijn thuiskomst in mei 1945 aan het papier heeft toevertrouwd. Jaren later ont-
moette ik zijn nichtje en petekind Sabine. Het moet op een herdenking
van de slachtoffers van de Eerste Wereldoorlog zijn geweest. En ze vertelt
over haar peter Louis die in de kampen heeft gezeten en zijn ervaringen
heeft opgeschreven. Dat lijkt me wel wat en ik vraag haar of ik het verhaal
van haar peter mag lezen. Ze moet toestemming vragen aan de kinderen
van Louis: Nelly en Rik. Die toestemming komt er in de loop van 2022. Ik
mag zonder problemen het manuscript 'Honger', zijn oorlogsmemoires,
inkijken. Mijn verbazing is groot bij het lezen van de tekst van Louis. Zijn
manuscript gaat niet over de kampen, maar begint in april 1945 op het
moment dat hij het werkkamp in Langenstein, een bijkamp van
Buchenwald, verlaat en op dodenmars moet. Louis heeft het ondenkbare
moeten beschrijven. We kennen veel getuigenissen uit de concentratie-

kampen. Maar over de periode nadien, net na de bevrijding begin mei 1945, over de omzwervingen van de gevangenen in het verwoeste Duitsland en hun thuiskomst, zijn er minder getuigenissen bekend.

Louis beschrijft de periode na de bevrijding wanneer duizenden gevangenen in het centrum van Duitsland bij de Russen terechtkomen, ronddolen door de Duitse puinen van het Derde Rijk, in het niemandsland, in de niemandstijd, tussen een radeloze en angstige Duitse bevolking, tussen de Duitse vrouwen die op brutale wijze verkracht worden door de Sovjetsoldaten, en plunderende gevangenen, losgeslagen, 'verbeest', zoals Louis het beschrijft. Zijn verhaal tart soms elke verbeelding. Ook na zijn bevrijding moet hij nog vechten voor zijn leven. Hoeveel kan een mens verdragen?

Maar met die tekst stopt het niet. Ik vond het jammer dat ik niets van Louis vernam over zijn tijd in het verzet, hoe en waarom hij werd opgepakt, zijn verblijf in Breendonk, in Buchenwald en in het werkkamp. Louis was in 2012 overleden, dus kon ik het hem niet meer vragen. En ook zijn kinderen, neven en nichten wisten vrijwel niets over het tragische oorlogsverleden van hun vader, oom en peter. Tot op de dag dat zijn zoon Rik mij wou zien. Ik sprak met hem af. Hij komt binnen met een winkeltas. We praten wat over zijn vader en plots opent hij de tas. Nadat ik hem had gebeld om te vragen of ik de tekst 'Honger' mocht lezen, herinnerde Rik zich dat er op zijn zolder nog wel wat papieren van zijn vader lagen. Hij begon ze te bekijken en kwam tot zijn grote verbazing tot de vaststelling dat er nog manuscripten lagen. Rik overhandigt mij het originele handgeschreven manuscript van 'Honger'. Hij geeft me ook nog een getypte tekst van zijn vader Louis, over zijn arrestatie, over zijn verblijf in Breendonk, Buchenwald en Langenstein, en een eveneens getypte tekst met de titel 'Kerstmis 1944', een authentiek kerstverhaal, rechtstreeks uit het werkkamp. Mijn blinde vlek in het oorlogsverleden van Louis is dus meteen volledig ingevuld. Daar ligt alle materiaal op tafel voor dit boek.

Louis bouwt na de oorlog in zijn tuin een chalet en dat wordt zijn 'mancave' waarin hij zich als het nodig is, terugtrekt. Hij vertoeft soms hele dagen in wat hij zijn 'kot' noemt. Vaak zit hij er gebogen over een blad papier en schrijft en schrijft, want hij wil zijn verhaal uit de kampen en zijn

Het originele handgeschreven manuscript van 'Honger' van Louis Van Meel.
(Archief Rik Van Meel)

bevrijding voor de eeuwigheid bewaren. Aan zijn vrouw vraagt hij af en toe om zijn krabbels over te typen, want anders zal niemand het later kunnen lezen.

Buiten zijn vrouw zal tijdens zijn leven niemand zijn geschriften te zien krijgen, ook zijn kinderen en andere familieleden niet. Als kleine jongen zag zoon Rik zijn vader geregeld aan zijn schrijftafel zitten, maar hij wist niet wat zijn vader schreef. Er werd weinig gesproken over wat Louis nu precies had opgeschreven, en als zijn kinderen ernaar vroegen, kregen ze steeds te horen: 'Lees het later maar als ik er niet meer ben.' De echtgenote van Louis sterft in 2008. Louis zelf overlijdt in 2012. Bij het leegmaken van zijn kamer in het rusthuis vinden zijn kinderen zijn geschriften. Maar ook dan blijven de notities merkwaardig genoeg onaangeroerd. Tot ik ze mocht inkijken.

Wat je hierna leest, zijn uittreksels uit de teksten van Louis. Ik koos er bewust voor een selectie te maken van de meest opmerkelijke en treffende passages, waardoor zijn verhaal hopelijk directer en bevattelijker wordt, geplaatst in de tijd en in de ruimte. Ik hield me bij het overnemen van de citaten strikt aan de inhoud van de tekst van Louis, inclusief de ietwat verouderde maar toch innemende schrijfstijl, die hier en daar wat werd aangepast. Alle cursief gedrukte teksten in dit boek zijn van de hand van Louis.

VAN DE SCOUTS NAAR HET VERZET

Louis Van Meel wordt op 4 maart 1926 in het Vlaams-Brabantse Rotselaar geboren. Zijn vader Henri is metser en tonnelier in de nabijgelegen brouwerij Mena, zijn moeder Maria Bosmans is huisvrouw en runt het café waar de klanten het bier van de brouwerij drinken. Maria was eerder al eens

Louis met zijn zwarte bloempotkapsel en gedecideerde blik, recht in de lens van de fotograaf kijkend, in een smetteloos wit hemd en een vrolijk fladderende das.
(Archief Sabine Van Meel)

Louis met zijn oudere broer Frans (links).
(Archief Sabine Van Meel)

*Louis (links) met zijn moeder Maria
Bosmans en zijn broer Frans.*
(Archief Nelly Van Meel)

getrouwd maar vroeg weduwe geworden, en uit dat huwelijk heeft ze drie kinderen: Louise, August en Sidonie, de stiefbroer en -zussen van Louis.

Louis geniet een klassieke opvoeding. Hij gaat naar de plaatselijke gemeenteschool en is actief bij de scouts. De jonge Louis is een knappe gast. Op een familiefoto – hij is dan ongeveer een jaar of acht – staat hij met zijn zwarte bloempotkapsel en gedecideerde blik, recht in de lens kijkend van de fotograaf, in een smetteloos wit hemd en een vrolijk fladderende das. Een kleine jongen die groot wil worden. Op een andere foto poseert de iets oudere Louis met zijn oudere broer Frans. Ze kijken beiden in de verte naar het spannende leven dat eraan komt. Frans met hoog opgetrokken geruite sportkousen, Louis zonder kousen. Hij draagt als het ware kleine witte klompjes. In het café van zijn ouders valt er altijd wel wat te beleven. Op een foto van voor de oorlog troepen enkele jonge mannen en vrouwen voor de herberg samen. Twee vrouwen met een fiets aan de hand. Louis houdt ietwat geleerd zijn handen op de rug, buigt lichtjes naar voor, in korte broek. Niets dan lachende gezichten op de dorpel van het café van Van Meel.

Enkele jonge mannen en vrouwen voor het café van de familie Van Meel: vijfde van rechts is Louis. (Archief Sabine Van Meel)

Op 10 mei 1940 valt er niets meer te lachen. Dan valt het Duitse leger België binnen en naarmate de oorlog vordert, groeit ook het verzet tegen de aanwezigheid van die Duitse bezetter. Louis wordt op 15 maart 1941 officieel lid van het Belgische verzet. Hij is dan net vijftien jaar geworden en helpt mee bij de uitbouw van een nieuwe afdeling van de Nationale Koninklijke Beweging (NKB) in zijn gemeente. Enkele jongens van de plaatselijke scouts krijgen tijdens een weekend het bezoek van scouts uit de naburige stad Aarschot, waar de NKB begin 1941 is ontstaan. De Aarschotse scouts vragen hun geestesgenoten uit Rotselaar in hun gemeente ook een NKB-afdeling op te richten.

Louis is een scout in hart en nieren. Op een familiefoto zie je hem in zijn scoutspak en hij draagt het met grote fierheid. Later zal in zijn woon-kamer een levensgroot portret hangen van Robert Baden-Powell, de stich-

Louis als scout. (Archief Sabine Van Meel)   *Louis Van Meel als leider bij de scouts.*

(Archief Nelly Van Meel)

ter van de padvinders. Maar ook zijn vader Henri is een aanhanger van deze jeugdbeweging en helpt bij het inrichten van hun clubhuis. Zijn stiefschoonzoon Petrus August Wittemans helpt ook; Wittemans wordt later de kapitein van de NKB-afdeling van Rotselaar. In de houten muren van het clubhuis, enkele afgedankte tramwagons die de scouts in 1938 hadden gekregen, maken ze dubbele wanden; daarachter worden later wapens, munitie, bajonetten, handgranaten en brandbommen verstopt, die door het terugtrekkende Belgische leger in mei 1940 in de buurt van de tankgracht van Haacht zijn achtergelaten. Een riskante zaak, zo blijkt, want op een nacht brandt een van de wagons door een ontplofte granaat uit.

Hoe komen die scouts bij het verzet terecht? De werking van de scouts wordt tijdens de Tweede Wereldoorlog nagenoeg stilgelegd. Je mag als scout op straat niet in je uniform rondlopen, tentenkampen, kampvuren of gevechtssporten zijn verboden, optochten kunnen niet meer, en alle uiterlijke kentekens, zoals de fietsvlaggetjes, gaan de kast in. Alleen binnenactiviteiten mogen nog, en buiten blijft alles beperkt tot voetbal en atletiek. Als de scouts weigeren om zich bij de nazi-eenheidsjeugdbeweging aan te sluiten, gaan velen in het verzet. Alleen jeugdbewegingen die zich bekeren tot de nationaalsocialistische eenheidsjeugdbeweging, mogen nog activiteiten organiseren.

Volgens het *Guldenboek van de Belgische Weerstand* uit 1948, waarin de geschiedenis van het Belgische verzet voor het eerst is beschreven, werd de NKB opgericht door enkele jonge mannen uit Aarschot met de hulp van een professor van de Leuvense universiteit. Op nieuwjaarsdag 1941 stichtten zij de NKB. Uit hun 'Grondbeginselen' leer je dat ze erg koningsgezind zijn, fanatieke aanhangers van koning Leopold III, die ze als een nieuwe leider zien van een sterke monarchie die zich niet al te veel meer bekommert om de verloederde Belgische parlementaire democratie. De NKB zal zich ook op erg militaire leest schoeien, met een leider, met 'Koninklijke Troepen' en met een militaire opleiding in kampen in Aarschot en Rotselaar.

Louis ligt met nog enkele andere jongeren aan de basis van zijn NKB-afdeling en woont de eerste geheime vergaderingen bij. 'Geheim', want hun verzetsactiviteiten komen best niet aan de oren van de Duitse bezetter. Om die bezetter te misleiden doet de NKB in Aarschot zich naar buiten toe voor als een turnkring en staat de afkorting 'NKB' voor 'Naar Kultuur Bekwaming'. De vergaderingen van de NKB-groep van Louis vinden plaats in café Smets in het dorp. Het zijn gevaarlijke, maar voor de jongens wellicht spannende tijden. Op een zaterdag in 1941 vallen de Duitsers, die vermoedelijk zijn getipt, tijdens zo'n vergadering binnen, maar ze vinden niets bezwarends en laten de veertig aanwezige NKB'ers met rust. Volgens een naoorlogse verklaring van Louis Van Meel in het strafdossier van de oorlogsburgemeester Gabriel Wuyts werd niemand aangehouden. In het dossier stak echter ook een verklaring van August Wittemans, de kapitein van de NKB-afdeling van Rotselaar. Hij noemt op basis van een geschreven getuigenis van Isidoor Moelants de namen van twee mogelijke verklikkers, in het dorp bekende VNV-leden, die volgens Moelants de vergadering zouden hebben verraden aan de Duitsers. Wittemans zag bovendien zelf ook hoe deze twee VNV'ers de Duitsers de weg toonden naar de vergaderzaal. Een derde Rotselaarse

VNV'er hield buiten de wacht bij de auto van de Duitsers. De dinsdag daarop werd Wittemans aangehouden en naar het Gestapohoofdkwartier aan de Brusselse Louizalaan gevoerd. Bij gebrek aan bewijzen moest de Gestapo Wittemans vrijlaten. Hij had veel geluk.

De NKB ontplooit zich als een van de belangrijke verzetsgroepen in België en kan op zo'n vijfduizend verzetslieden rekenen. In korte tijd bouwt de groep over heel België afdelingen uit. In Antwerpen bijvoorbeeld ontstaat een sterke afdeling die aan het einde van de oorlog een belangrijke rol zal spelen bij de bevrijding van de haven.

Maar de Duitse bezetter krijgt lucht van de clandestiene verzetsactiviteiten van de 'turnkring' NKB en op 7 juli 1941, enkele maanden na de oprichting, bevelen de Duitsers de beweging al haar exemplaren van haar 'Grondbeginselen' te vernietigen. Vele NKB'ers worden aangehouden. Op 11 mei 1942 wordt het kopstuk, 'de professor', opgepakt. Een van de andere medeoprichters uit Aarschot zal in Duitse gevangenschap sterven.

De NKB duikt vanaf dan volledig in de clandestiniteit. Het is gedaan met turnen. En het verzet is heel veelzijdig: sabotage van benzineopslagplaatsen en spoorwissels; het doorknippen van telefoonleidingen; het stelen of verplaatsen van wegwijzers; het afbranden van koolzaadvelden; het drukken en verspreiden van sluikbladen en pamfletten; het helpen, ook financieel, van werkweigeraars (zij die zich onttrekken aan de verplichte tewerkstelling in België en Duitsland), onder meer bij het zoeken naar een onderduikadres; het verbergen van geallieerde piloten die met hun vliegtuig zijn neergestort, met de bedoeling ze terug naar Engeland te brengen; het stelen van bevolkingsregisters, identiteitspapieren en ratsoeneringszegels in gemeentehuizen... De NKB is ook verantwoordelijk voor hardere acties, zoals het opblazen van spoorlijnen en benzinedepots. Het vermoorden van collaborateurs of het plegen van dodelijke aanslagen zijn dan weer geen courante NKB-praktijken. Dat laat men over aan de keiharde partizanen, veelal, maar niet uitsluitend, aanhangers van de communistische partij.

De jonge student Louis ontpopt zich tot een echte verzetsman. Hij is overtuigd van de strijd tegen de nazi's. Zijn familieverleden speelt daarbij zeker een rol. De grootvader van Louis, Karel (Charles) Van Meel, werd in de Eerste Wereldoorlog tijdens de Duitse inval in augustus 1914 uit zijn huis gehaald, met de handen omhoog weggeleid en neergeschoten. Over dit drama hoort Louis in zijn jeugd vaak vertellen door zijn vader en het speelde zeker mee in zijn beslissing om bij het verzet te gaan. De wandaden van 'den Duits' in de 'Groote Oorlog' zijn ze bij Van Meel niet vergeten. En dan is er natuurlijk zijn oudere broer Frans, die hem in het verzet heeft meegetrokken. Frans is ook actief in de NKB, soms nog actiever dan Louis.

Louis legt zich in zijn verzetsactiviteiten vooral toe op het vervoeren per fiets van kleine munitie die hij in een depot in Sint-Joris-Weert nabij Leuven gaat stelen. Ook haalt hij bij kennissen wapens en munitie op en brengt ze met de tram van Werchter naar Brussel, waar ze aan verzetslui overhandigd worden. Hij bedeelt propagandablaadjes, neemt deel aan geheime vergaderingen en organiseert samen met zijn commandant, zijn stiefschoonbroer August, de afdeling Rotselaar-Wezemaal. Daarbij spreekt hij vaak mogelijk nieuwe leden aan om zich bij de NKB aan te sluiten, voorwaar een niet ongevaarlijke bezigheid. Want op die manier stelt hij zich enorm kwetsbaar op en riskeert hij te worden verklikt.

Na een tijd spreekt Louis met andere verzetsmannen af in het café van zijn ouders om er inlichtingen uit te wisselen. Een jonge gast in een café zal bij de Duitsers niet meteen grote argwaan opwekken. Tenminste, dat denkt Louis. In het dorp doet evenwel het gerucht de ronde dat het café van Van Meel, waar geregeld ook Duitsers over de vloer komen, een ontmoetingsplek is van verzetslieden.

In het jaar 1943 bereikt het verzet in de streek van Leuven een hoogtepunt. Er woedt een ware burgeroorlog. De partizanen plegen bomaanslagen, sabotagedaden en vermoorden zelfs collaborateurs. Met als gevolg dat de Duitse bezetter nog forser in de tegenaanval gaat en zich beter organiseert om het verzet te bestrijden. Zo krijgt de *Sicherheitsdienst* (SD) van Brussel, de Duitse inlichtingendienst en een soort van spionagedienst, op 6 december 1943 een *Nebenstelle* of onderafdeling in Leuven. Samen met de *Sicherheitspolizei* (Sipo), met als berucht onderdeel de Gestapo, vormt de SD een machtig wapen in de strijd tegen de verzetsgroepen. De *Nebenstelle* Leuven en de Gestapo nemen hun intrek in een grote notariswoning op de hoek van de Vital Decoster- en de Diestsestraat, en in een pand in de Leopold I-straat. Daar worden verdachten en gevangenen binnengebracht en tijdens verhoren vaak zwaar gemarteld alvorens ze worden vrijgelaten of gedwongen vertrekken naar andere gevangenissen, het kamp van Breendonk of concentratiekampen buiten België. Uiteindelijk zullen zijn verzetsactiviteiten Louis fataal worden. De dan zeventienjarige Louis wordt net voor Kerstmis, op 23 december 1943 om halftwee 's morgens, in zijn kamer boven het café van zijn ouders door de Leuvense Gestapo van zijn bed gelicht en meegenomen. Louis verblijft maandenlang in het *Auffanglager* van Breendonk, in het Duitse concentratiekamp Buchenwald en uiteindelijk in een Duits werkkamp. Gelukkig overleeft Louis, en op 23 mei 1945 is onze scout terug thuis.

NIEMANDSTIJD

We keren met Louis vooral terug naar de tijd na de bevrijding van de kampen, rond april-mei 1945. Het is de 'niemandstijd' of de 'wolfstijd', zoals de Duitse journalist en hoogleraar Harald Jähner het in zijn baanbrekende boek *Wolfszeit* (2021, ook in het Nederlands vertaald) beschrijft. 'De tijd waarin "de mens tot wolf" was geworden.' Het idee dat iedereen alleen voor zichzelf of zijn eigen roedel zorgde. In een ander boek van Jähner, *Wolfszeit. Ein Jahrzehnt in Bildern. 1945-1955*, wordt die wolfstijd met historische foto's van het verwoeste Duitsland aangrijpend in beeld gebracht.

Ook Louis leeft in 1945 in die wolfstijd, als een wolf, in het chaotische post-nazi-Duitsland. Deze periode is lange tijd voor Duitse historici een blinde vlek gebleven. Dat geldt ook voor België. Er zijn talrijke getuigenissen van Belgen uit de concentratiekampen zelf, maar zelden lezen we iets over wat zij beleefden na hun bevrijding uit de kampen, in het Duitse niemandsland, zwaar gehavend door de aanhoudende bombardementen van de geallieerden. Hoe komt dat? Na de bevrijding waren ze thuis en wilden ze die afschuwelijke tijd zo snel mogelijk vergeten. Maar hoe verging het die bevrijde mannen en vrouwen net na hun bevrijding? Hoe gedroegen zij zich in het land van hun folteraars toen ze door hen niet langer werden belaagd, maar konden proeven van hun vrijheid, zich het recht toe-eigenden om de Duitsers te bestelen en te beroven omdat precies 'zij' de oorzaak waren geweest van hun vreselijke lijden? Hoe gingen die bevrijde Belgen om met hun bevrijders, de Russen en de Amerikanen, en wat dachten zij over de manier waarop zij met de Duitse vrouwen omgingen? Louis vertelt het allemaal.

Ook in onze Belgische oorlogsgeschiedenis is er altijd meer aandacht geweest voor de oorlogsjaren zelf dan voor wat er na de bevrijding is gebeurd. 'Deze jaren zijn te midden van de grote hoofdstukken en tijdvakken van de geschiedenis een soort niemandstijd waarvoor bij wijze van spreken niemand echt verantwoordelijk is', zo betoogt Jähner. Ook wij weten bitter weinig over de Belgische bevrijde concentratiekampgevangenen en hun tijd als havelozen zonder doel in het vernietigde Duitsland.

De Duitse bevolking heeft jaren van naziterreur achter de rug. Hun bevrijding begint ook op 6 juni 1944 als de geallieerde troepen op de stranden van Normandië landen. Half maart 1945 – België is al sinds september 1944 bevrijd – zijn de Anglo-Amerikaanse legers, hersteld van de zware gevechten eind december 1944-begin januari 1945 in de Ardennen, eindelijk de Rijn over geraakt. Op 12 april 1945 bereiken de Amerikanen de rivier de Elbe. Daar stuiten zij op het gigantische leger van de Sovjet-Unie. De Russen zijn in een paar weken het oosten van Duitsland binnengetrokken en lanceren op 16 april hun ultieme aanval op de Duitse hoofdstad Berlijn. Zo trekken ook zij richting de Elbe, waar ze op 24 april de hand van de Amerikanen schudden. Zes dagen later pleegt Hitler in zijn bunker in Berlijn zelfmoord. De Duitse hoofdstad is één puinhoop geworden door de gevechten en de zware bombardementen. Heel Duitsland is de voorbije maanden het slachtoffer van de *moral bombing* van de geallieerden: de aanvallen op woonwijken om het Duitse moreel te treffen moeten de oorlog tot een sneller einde brengen; anderhalf procent van de stedelijke bevolking sterft.

Op 7 mei 1945 tekent generaal Alfred Jodl, de stafchef van het Duitse leger, in het Franse Reims de capitulatie en treedt het einde van de Tweede Wereldoorlog op 8 mei 1945 om middernacht in. Stalin eist die dag nog hetzelfde in Berlijn en daarom tekent veldmaarschalk Wilhelm Keitel, het hoofd van het Opperbevel van de Duitse strijdkrachten, ook de overgave tegenover de Sovjetmaarschalk Georgi Zjoekov.

Meer dan de helft van de Duitsers bevond zich na de oorlog niet waar ze eigenlijk thuishoorden of waar ze wilden zijn. De oorlog had in Duitsland circa vijfhonderd miljoen kubieke meter puin achtergelaten. Steden als Dresden en Berlijn waren hoge hopen steen, geen huizen of straten meer. Er waren negen miljoen geëvacueerden en daklozen als gevolg van de bombardementen, veertien miljoen vluchtelingen en verdrevenen, tien miljoen vrijgelaten dwangarbeiders en gevangenen, en geleidelijk keerden ook de miljoenen krijgsgevangenen terug. Het zou nog tot in de jaren vijftig duren alvorens de Duitse samenleving deze massale onthechting heeft verwerkt.

Zijn zwerftocht door dit zieke land heeft Louis op papier gezet. Hij geeft zijn manuscript de titel 'Honger', want dat is de rode draad doorheen zijn tekst. Altijd honger en op zoek naar voedsel, als een dier, als een wolf. De taal van zijn geschrift is heel hard, ruw en soms pijnlijk gedetailleerd. Af en toe sluipt een vleug humor in zijn beschrijving van het onbeschrijfelijke. Zeker als hij het heeft over de talrijke verkrachtingen van Duitse vrouwen door Russische Sovjetsoldaten, in zijn aanwezigheid. Het is soms pure erotiek, je gaat al eens aan het lachen bij het lezen, maar dan val je in bittere scènes met de totale ontaarding van de mens.

Louis is vast en zeker katholiek opgevoed, maar door de oorlogsellende verliest hij gaandeweg zijn geloof. *'We geloofden niet meer in God die, indien hij zou bestaan hebben, zeker niet zou toegelaten hebben wat we reeds meegemaakt hadden'*, schrijft hij. Pastoors zijn al helemaal niet meer zijn ding. Als hij op weg naar huis in de vrachtwagen zijn plaats aan zijn vriend afstaat, omdat die te veel in de tocht zit, voelt hij zich als een 'mislukte pastoor', *'dat wou ik ook niet zijn, want ik haatte de pastoors. Dit wil zeggen: ik haatte het merendeel van de pastoors omdat zij leefden volgens de regel: "Luister naar mijn woorden, maar kijk niet naar mijn daden." Een rechtvaardige God, zo beweerden de katholieke priesters? Met mijn bekrompen gemoed had ik nooit goed begrepen hoe die Godheid dan in één slag duizenden en duizenden vrouwen en kinderen kon vernietigen. De meest typische van die massaslachtingen van in mijn ogen onschuldige mensen...'* Hij begreep ook niet dat er op de gesp van de koppelriemen van de SS 'Gott mit uns' stond: *'Hoe dikwijls had ik dat "Gott mit uns" op hun riemen gezien wanneer ik op de grond lag door hun slagen en trappen. Scherpe tegenstelling, dat woord God in vergelijking met hun daden; daden van nietige mensen; daden die na de oorlog zo fel ruchtbaar gemaakt en afgekeurd werden. Ik had nooit goed kunnen begrijpen dat bijvoorbeeld de Paus, als hoofd van de Kerk, wapens kon zegenen. Wapens die moesten dienen om te zondigen tegen het vijfde gebod (Ge zult niet doden).'*

Louis houdt van de natuur en zijn beschrijvingen van de wereld tonen een kenner. Doorheen de ellende blijft de natuur voor hem heel mooi, de planten, de vogels... Een onooglijke spin houdt hem vele zinnen lang bezig. Louis heeft het vaak over zijn overlevingsstrategie. Daarbij beroept hij zich dikwijls op zijn ervaringen bij de scouts, de sluiptochten tijdens een nachtspel, zijn geweldige gave om met messen te werpen, vuur te maken, en natuurlijk te vechten. Louis besteedt in zijn jeugd uren aan judo. En ja, om te overleven zal hij ook moeten doden. Hij ontwikkelt in de kampen een overlevingsstrategie: deel de eerste slag uit of je gaat eraan; wees sluw en slim en loop niet te veel in beeld.

En dan is er de knagende heimwee naar huis en de onzekerheid van zijn ouders en zijn familie die hij plotsklaps heeft moeten achterlaten. Hij denkt veel aan zijn moeder. Als hij enkele Duitse vrouwen ziet wenen, schiet zijn gemoed vol: *'Bijzonder als het moeders waren, want dan dacht ik steeds aan mijn eigen moeder en dan vroeg ik me af hoeveel tranen zij voor mij al gelaten had. Zij wist immers niet waar ik was en of ik nog leefde.'*

Louis beleeft dit alles met zijn vrienden Frans, Felix en Lucien immer aan zijn zijde. Dat zijn in zijn verhaal fictieve namen, zo weten we door een notitie op het kaft van zijn geschreven manuscript van 'Honger': Fille (fabrikant/ondernemer Théophile 'Fille Beek' Verbeek uit Rotselaar) wordt Felix, Fons (veekoopman Alfons Saelens uit Herent) wordt Frans, en Louis (kleermaker Louis Laurent uit Herent) is Lucien. Ze werden samen met Louis opgepakt, zaten met hem in Breendonk, in Buchenwald en in Halberstadt-Langenstein, werden als het ware partners in crime, en kwamen dezelfde nacht op 23 mei 1945 terug thuis. Ze sloten tijdens hun verblijf in de kampen wellicht een eedverbond om goed voor elkaar te zorgen en samen terug thuis te geraken. Kameraadschap was hun enige redmiddel. Het is bijna niet te geloven dat vier mannen van dag één tot het einde van hun helletocht elke dag zijn samengebleven in een voor relaties verwoestende omgeving als een concentratiekamp. En samen overleefden.

Omdat dit verhaal zo uitzonderlijk is, vond ik het, samen met de familie van Louis, absoluut noodzakelijk dit in de openbaarheid te brengen. Daardoor zal het voor de toekomstige generaties nooit verloren gaan.

Bovendien heeft Louis altijd de wens gekoesterd dat zijn geschriften ooit eens in een boek zouden terechtkomen, zo schrijft hij aan het einde van 'Honger'. Dat is nu gebeurd: opdracht volbracht! De geschiedschrijver is Louis bijzonder dankbaar.

II
NAAR DE KAMPEN

'De dood boezemde ons geen vrees meer in.'

DE AANHOUDING

Het is 8 mei 1944. De trein stopt. De deuren van de wagons vliegen open. Louis springt naar beneden. Honderden honden blaffen. Gevangenen worden gebeten. SS-mannen schoppen en slaan. De zieken en doden worden als ledenpoppen naar buiten gegooid. In een lange rij stappen honderden schimmige mannen richting het Duitse concentratiekamp Buchenwald. Ze zien er niet uit: vuil, moe en uitgehongerd. Na een kilometer lopen komen ze bij het hek van het kamp. In het hek van de ijzeren poort leest Louis: 'Jedem das Seine'. Voor de badplaats in het kamp houden ze halt. Iedereen kleedt zich uit. Het gevecht om een goede plek in de douches begint. Iedereen wordt kaalgeschoren. Louis komt in Blok 63 terecht. Hij naait op de linkerborst van zijn jas zijn kampnummer 48639 en een rode driehoek met een letter 'B', de aanduiding dat hij een politiek gevangene is uit België.

Op de lijst van Konvooi 1 van 8 mei staan nog andere lotgenoten afkomstig uit de gemeente van Louis: Petrus Wuyts (treinmachinist), Armand Boulanger (trambestuurder), Dominique Elsen (priester), Henri Leempoels (landbouwer), Joseph Seyen (arbeider in de melkerij), Frans Sterckx (timmerman), Alfons Timmermans (bakker), Théophiel Van Looy (spoorwegarbeider), zijn vriend Théophile Verbeek (fabrikant, 'Felix' in het manuscript van Louis). Ook zijn twee andere vrienden Alfons Saelens ('Frans' in het manuscript) en Louis Laurent ('Lucien' in het manuscript) zijn er. Allemaal verzetsmannen die met Louis Van Meel ook in Breendonk zaten en nu hun lijdensweg samen met hem voortzetten. Alles samen reizen zo'n dertig mannen uit de streek van Leuven naar Buchenwald.

Slagen, stampen, geroep en getier. Sinds zijn aanhouding heeft Louis bijna niets anders gehoord, gezien en af en toe zelf gevoeld. Het begint thuis al wanneer de Gestapo om halftwee in de nacht van 22 op 23 december 1943 aan zijn deur staat. Moeder doet open. Ze moeten de zeventienjarige Louis hebben. Voor de ogen van zijn ouders en zijn oudere broer Frans krijgt Louis enkele rake klappen. Zijn onderlip bloedt hevig, opengereten door een uppercut van een van de SS-mannen. Louis lacht heimelijk want de man die hem een klap gaf, is fel gewond aan zijn vuist. Zijn slag is op een van de snijtanden van Louis terechtgekomen. Wanneer Louis hem vraagt of hij voor bokser geleerd heeft, krijgt hij nog een flinke trap van diens nazilaarzen tegen zijn achterwerk. Louis veracht zijn belagers: *'Ik werd aangehouden door een bende luilakken en nietsdoeners, namelijk Gestapo en SS.'* Met enkele geweerlopen in zijn rug en een pistool in zijn nek wordt Louis als een gevaarlijke boef afgevoerd richting een vrachtwagen die vijftig meter verder van de ouderlijke woning geparkeerd staat. Het gaat er niet hoffelijk aan toe. Met een flinke trap tegen zijn achterwerk wordt Louis in de vrachtwagen gedwongen.

In de buurt van de woning van de ouders Van Meel wordt er nog aan talrijke andere huizen aangeklopt. Zo herinnert buurmeisje Geneviève Valkenaers zich dat er in de bewuste nacht van 22 december 1943 fel werd gebonkt op de voordeur. Ze was toen negen. De Gestapo valt binnen en bedreigt haar moeder met een pistool. De vrouw weet niet waar haar man is, zegt ze. De vader van Geneviève, die ook bij het verzet is, heeft meer geluk dan Louis en kan op dat moment nog net via het tuinpad achter hun huis op zijn fiets vluchten en leeft maanden ondergedoken.

Onderweg stopt de vrachtwagen met Louis en zijn lotgenoten nog enkele malen om nog andere verzetsmannen op te laden en dan gaat het richting de *Kommandantur* van Leuven. Daar krijgt Louis de vraag om voor de SS te tekenen, te collaboreren. In dat geval zou hij meteen weer worden vrijgelaten, zo beloven zijn belagers. Hij en de tweeëndertig andere aangehouden mannen tekenen niet. Niemand. Gevolg: weer niets dan stampen en slagen. Zij die met hun gezicht tegen de muur staan, krijgen zo'n harde klap op het achterhoofd dat ze met hun neus tegen de muur botsen. Je mag van geluk spreken als je neus niet gebroken is. In de hoek staat een mooi versierde kerstboom. Een oude man zit ernaast op zijn knieën met de armen in de lucht. Hij wordt geschopt en geslagen. *'Deze beulen hebben duidelijk geen hart en weten zeker niet wat een vredevol Kerstmis betekent'*, denkt Louis.

In rijen van vier worden ze naar buiten geleid, de trappen af van het Leuvense justitiepaleis, waar de Duitse *Kommandantur* is gevestigd. Een moeder van een van de jongens die op de trappen hem nog iets wil toestoppen en hem een laatste maal wil omhelzen, wordt tot twee keer toe ruw door de bewakers van de trappen gegooid. Ze krijgt nog een hevige vuistslag in haar gezicht. Opnieuw worden ze in een vrachtwagen gejaagd, richting het kamp van Breendonk. Drieëndertig mannen, op elkaar gepropt, vol angst en onzekerheid.

Er wordt onderweg weinig gesproken, velen denken aan moeder en vader, aan broer en zus, aan vrouw en kind. Wat moeten zij in hun afwezigheid nu beginnen? Zijn ouders wisten niet waar Louis naartoe werd gebracht, en hebben ook lange tijd niets over zijn lot vernomen. Zijn halfzus Sidonie trok op een dag haar stoute schoenen aan en is naar de kantoren van de Duitse militaire gouverneur in Brussel, Alexander von Falkenhausen, getrokken om Louis vrij te krijgen. Wat kon een jongen van zeventien nu verkeerd hebben gedaan? Maar dat is haar niet gelukt, ze kwam enkel te weten dat Louis in Breendonk zat. Ze trok achteraf naar dat kamp om hem een pakket te bezorgen met wat eten en kleren, maar Louis heeft daar nooit iets van gezien.

BREENDONK

Louis verblijft in het kamp van Breendonk vanaf de dag van zijn arrestatie op 23 december 1943 tot 6 mei 1944, wanneer hij wordt overgeplaatst naar Buchenwald. Na twee dagen Breendonk moet hij daar dus Kerstmis, en enkele dagen nadien Nieuwjaar vieren. Hij is dan zeventien jaar en wordt in het kamp als 'Arrestant' geregistreerd met het kampnummer 2550. Hij verblijft in kamer nummer 2. Louis moet niet buiten gaan werken om te helpen bij het afgraven van de ruim 300.000 kubieke meter grond rond het kamp, maar staat als arrestant de ganse dag in de kamer stokstijf aan zijn bed, zonder één woord te mogen zeggen. Louis mag met andere gevangenen in zijn kamer blijven, maar er zijn ook arrestanten die in een isoleercel worden opgesloten. Je wordt er voortdurend in het oog gehouden. Voor elke tien gevangenen is er één bewaker. Hij mag geen brieven schrijven en is volledig van de buitenwereld afgesloten. De meeste arrestanten moeten ook voor verhoor naar de folterkamer, een oude kruitkamer, waar zij op gruwelijke wijze worden gemarteld. Louis kan hier blijkbaar gelukkig aan ontsnappen. Er is geen enkele aanwijzing in zijn teksten dat hij daar ooit is geweest.

Als Louis in Breendonk aankomt, heeft het kamp al een bewogen geschiedenis achter de rug. In september 1940 arriveren de eerste gevangenen in het Belgische fort nabij Willebroek, dat deel uitmaakte van de buitenste verdedigingsgordel rond Antwerpen, gebouwd vóór de Eerste Wereldoorlog. Bijna 3600 gevangenen zullen hier opgesloten worden over een periode van vier jaar. Het kamp kan op één moment 600 gevangenen opvangen. Naar schatting 1733 overleven de oorlog niet. Officieel kwamen 303 mensen in Breendonk om het leven: 207 van deze 303 werden ter dood veroordeeld; de rest kwam om door ontbering of werd gedood door bewakers. Minstens 2217 gevangenen, onder wie Louis, zullen naar andere kampen in Duitsland getransporteerd worden. Slechts minder dan de helft van hen haalt het einde van de oorlog.

Breendonk is volgens de Duitse normen een *Auffanglager*, een opvangkamp voor iedereen die niet in de pas van de nazi's wil lopen. Vooral politiek gevangenen, verzetsmensen zoals Louis, maar ook gewone criminelen, smokkelaars, dealers op de zwarte markt en Joden zullen er opgesloten worden. Hoe actiever het verzet zich in de loop van de Tweede Wereldoorlog in België ontwikkelt, hoe meer 'klanten' het kamp krijgt. De kampbevolking breidt gevoelig uit wanneer Hitler in juni 1941 de Sovjet-Unie aanvalt en er als gevolg daarvan veel Belgische communisten in Breendonk terechtkomen. Breendonk wordt op 2 september 1944 door de geallieerden bevrijd.

Louis maakt er bij zijn aankomst al meteen kennis met de beruchte 'beulen van Breendonk'. Onder hen de Vlaamse SS'er Fernand Wyss. De gewezen bokser verwelkomt iedereen met zijn leuze: 'Dit is de hel en

De SS-kopstukken van het kamp van Breendonk. Uiterst rechts staat Arthur Prauss, bijgenaamd Mathurin. Hij werd belast met het toezicht op de gevangenen. (Cegesoma)

ik ben de duivel.' Ook zijn collega Richard De Bodt, nog een Vlaamse SS'er, is evenzeer gevreesd. Hij legt een gevangene om voor een fles whisky. Vaak gaan ze in duo de gevangenen te lijf, met een paar keer de dood als gevolg. Voor hun wandaden worden ze na de oorlog ter dood veroordeeld. Wyss wordt op zaterdag 12 april 1947 binnen de muren van de militaire bakkerij op het Antwerpse Kiel geëxecuteerd. De Bodt neemt in september 1944 bij de bevrijding van België de benen naar

De Vlaamse SS'er Fernand Wyss tijdens het proces van de beulen van Breendonk (maart 1946). (Cegesoma)

Duitsland. Pas in oktober 1951 kan hij worden gevat. Hij brengt de rest van zijn leven, tot aan zijn dood in 1975, door in de gevangenis van Sint-Gillis.

Louis komt er ook in contact met Georges Vermeulen, 'Jos' voor de vrienden. Hij is werkopzichter en bewaker van de cellen in Breendonk.

Omdat hij te gewelddadig is, wordt hij uit de Waffen-SS gezet en naar de Brusselse Sipo-SD overgeplaatst. En dan is er nog SS-Untersturmführer Arthur Prauss, die de bijnaam Mathurin krijgt. Hij is klein, gedrongen en sterk, en wordt vergeleken met Mathurin, een stripfiguurtje dat wellicht voor het eerst in 1937 in Vlaanderen werd geïntroduceerd in *Ons Kinderland*, uitgegeven in Averbode, en later bekender onder de naam Popeye. De sadist Prauss spreekt alleen Duits en stottert geweldig, zodat hij meestal niet begrepen wordt, en dit steeds in het nadeel der gevangenen. Zelden is hij nuchter en vaak assisteert hij in de folterkamer. Prauss, van beroep slager en chauffeur, heeft als korporaal de Eerste Wereldoorlog meegemaakt. Hij kwam wellicht tijdens de laatste oorlogsdagen in Berlijn in april 1945 om het leven, samen met zijn stichtend voorbeeld Adolf Hitler.

Een andere beruchte beul die Louis in Breendonk tegen het lijf loopt, is Petrus van Praet, een tuinman uit Bornem. Hij zat wegens smokkel een tijdje zelf in het kamp, maar werd vrijgelaten. Nadien werd hij door kampcommandant Philip Schmitt opgevorderd om als tuinman in het kamp te komen werken. Hij legt in het kamp een moestuin aan en kweekt er groenten. Van Praet krijgt de leiding over een tiental gevangenen die hem moeten bijstaan. Daarbij gebruikt hij veel geweld, verklikt gevangenen wanneer ze groenten hebben gestolen, en ontpopt zich als een volmaakte SS-beul. In september 1944 wordt hij als een van de eerste beulen van Breendonk door het Belgische gerecht opgepakt. Op het proces van Breendonk krijgt hij de doodstraf en op 12 april 1947 wordt hij geëxecuteerd. Louis had via de sluikblaadjes van het verzet al over deze beulen van Breendonk gehoord, maar dat ze zo erg waren, kon hij nooit vermoeden: *'en zeggen dat die lui echte beulen, duivels in mensengedaante, Belgen waren? Het is wreed, want de slagen toegebracht door de Duitsers, voelden we niet zo als die van ons eigen volk, ons eigen bloed.'*

Bij zijn aankomst in Breendonk begint weer hetzelfde liedje: de gearresteerde verzetsmannen worden ontvangen met een duchtige rammeling van de Vlaamse SS-beulen Wyss, De Bodt en Vermeulen. Zij slaan er als gekken op los. Voor de grootste zottigheden krijg je in Breendonk een pak slaag. Net na hun aankomst worden ze met de neus tegen de muur gezet, in afwachting dat de majoor komt. Een uur verstrijkt en sommigen moeten naar het toilet. Een oude man die dicht bij SS'er Wyss staat, kan het niet meer uithouden en laat angstig zijn water in zijn broek lopen. De Vlaamse SS'er ziet het en springt op: *'Du Schwein, was machst du denn da.'* Bevend wil de man het uitleggen, maar hij krijgt een klap en valt op de grond.

Alle gevangenen moeten hun bezittingen afgeven. Eten en sigaretten worden in een mand gegooid. Louis ziet dat een luitenant een gevangene zijn vulpen afneemt en ze op zak steekt. Zijn uitleg: *'Beschlagnahme.'* Zij die veel geld op zak hebben, worden uitgescholden voor smokkelaars. Wie zijn geld heeft verborgen, krijgt een pak slaag. Vervolgens moet iedereen zich uitkleden. Het is ijzig koud door de wind die fel tekeergaat in de kille en duistere gangen van het fort. *'Alles ausziehen, aber schnell, und... alles, hast du verstanden, du Hund.'* Wyss amuseert zich: *'hier en daar, al wandelend tussen ons, stampt hij de jongens tegen de benen. Bij een man die beeft van de koude blijft hij staan, bekijkt hem nauwkeurig en greinst. "Men zou zeggen dat ge het koud hebt, oude dikzak, pas maar op dat uw spel niet bevriest." De aangesprokene slaat verlegen de ogen omlaag, zulke taal is hij niet gewoon, hij was namelijk priester.'*

Ook in de badzaal tocht het verschrikkelijk. Het is er koud en de vloer gevaarlijk glad. Iedereen wacht op het verlossende warme water, maar valt dat tegen. *'We stellen ons op onder de kraantjes en wachten verlangend op het ogenblik dat het heerlijke warme water op ons hoofd en rug zal neerkomen, om ons halfbevroren lichaam wat te ontdooien. Plots wordt er gegild, ijskoud water komt neer op onze hoofden, twee mannen storten neer, enkele springen weg, maar enkele stampen en slagen en ze staan terug op hun plaats. Ik snak naar adem, hevig wrijf ik mijn ledematen om het bloed te doen circuleren. "Fertig", brult een der Vlamingen. Tevreden dat die marteling voorbij is, willen de jongens zo snel mogelijk wegkomen, met het gevolg dat ze op die gladde stenen uitslippen en hevig met het hoofd tegen de grond bonzen, en in hun val hun kameraden meeslepen.'*

Na het douchen moet iedereen weer naar buiten tot alle lijven droog zijn. Pas dan krijgt iedereen zijn kleren en gaat het richting de kamers. Louis krijgt een bed, zonder matras en zonder deken, hij moet straks op de harde houten latten slapen. Maar weldra ontdekt hij dat er in Breendonk toch ook echte vriendschap bestaat: *''s avonds gaf onze gebuur ons zijn deken en hij sliep dan met zijn makker samen onder één deken.'*

De eerste nacht kan Louis wat rusten. Maar echt slapen doet hij niet, want hij denkt aan huis. Wat zou moeder nu aan het doen zijn? Waarschijnlijk ligt ze ook in haar bed te woelen. En denkt ze aan Louis. *'Ja, moeder, uw zoon is goed geborgen, nooit zult ge het weten dat wij hier zijn, die onrust moet voor u wel een martelende pijn geweest zijn.'*

Met zes arrestanten staat Louis de hele dag stokstijf aan zijn bed. Ze zijn dat natuurlijk snel moe en beslissen dat een van hen op de uitkijk moet staan. Er wordt afgesproken dat als de man die op de uitkijk staat onraad ruikt, hij 'vingt-deux' zegt, waarop iedereen als de bliksem terug in de houding gaat staan.

Naar het toilet gaan is een hele, zelfs lachwekkende bedoening:

'Weldra zullen we moeten "Austreten", d.i. allen tegelijk met een zak op het hoofd naar het WC. Later toen we met een twintigtal Arrestanten waren, moesten we met twee ja zelfs met drie onder één zak lopen met het gevolg dat de ene over de andere struikelde en dan lagen ze daar, de volgende die natuurlijk niets konden zien, liepen dan over hun makkers, zodat ze ten laatste één krabbelende hoop vormden.

We horen stappen in de gang, kamer 1 vertrekt, dof als uit een kerker, horen we van onder de zakken het akelige "Links, zwo, drei, vier" weerklinken. Allen zijn verplicht dit luidkeels te roepen. Om zich te vermaken riepen de begeleiders dan "Lauter, Lauter".

Nauwelijks zijn ze weg of daar zijn ze weer. "Links, zwo, drei, vier. Links, zwo, drei, vier." Als spoken passeren zij ons venster, het "Achtung" weerklinkt. De grendel slaat toe, stappen weerklinken. De grendel valt, de deur vliegt open. "Achtung! Herr SS-man, Ich melde Sie gehorsam Stube 2, mit 6 Arrestanten zum Austreten", "Los, heraus" onder deze woorden werpt hij ons de zakken toe. Met twee mannen onder één zak stappen we dan de kamer uit. Ik houd mijn voorman bij zijn jasslip. Aan de cellen staat een (wacht)post, hij zet voetje, en hop daar liggen wij. In het WC hebben wij juist de tijd om

te wateren laat staan, onze behoefte te voldoen, eerlijkheidshalve
moet ik er bij zeggen, dat het afhing van de SS die meeging, er waren
er slechte en minder slechte.
"Auf" terug de zakken op onze kop en de terugweg aangevangen. De
grootste der Arrestanten, een Waal, gaat voorop, en roept "Links zwo,
drei, vier." De SS om zich te vermaken roept "Lauter, Lauter". De
arme drommel, die geen sikkepit Duits verstaat, denkt dat hij moet
zwijgen, en houdt wijselijk de mond toe. Maar als hij hoort dat wij
verder roepen, vangt hij weer aan, doch stiller dan te voren: "Lauter
Mensch, ach Gott." Weer zwijgt hij, met het gevolg dat een regen van
boksen en trappen op hem neerkomt."

Duurt het douchen te lang, zit je te lang op het toilet, ligt je bed niet mooi
of word je betrapt op het oprapen van een sigarettenpeuk, dan dansen de
bullenpezen op je rug. Op een dag raapt een Italiaan zo'n peuk op. Een
wachter heeft dit gezien en vertelt het aan Wyss. En toen gebeurde er volgens Louis dit:

'Als we opgesteld zijn komt hij (Wyss) voor ons staan. "Wel weet ge
het nu wie heeft de sigaret opgeraapt?" Niemand antwoordt. Als hij
ziet dat hij uit ons toch niets krijgt, zet hij zich voor de Italiaan en
vraagt hem: "En gij, ge weet ook van niets zeker?" Een schouder-
ophalen is het antwoord. En voor we beseffen wat er gebeurt, ligt onze
makker reeds tegen de grond, en betast zijn kin. Hij wil weer opstaan,
maar weer slaat Wyss hem neer. Dan begint hij als een bezetene te
stampen en op de weerloze gevangene zijn buik te dansen. We horen
iets kraken. Onze makker zijn ribben breken. Wyss houdt op en roept
"Auf du Hund". Alle pogingen om zich op te richten zijn vergeefs.
Wij mogen niet helpen, we moeten toezien, zeggen kunnen we niets,
maar denken kan hij ons niet verbieden, en in ons hart heeft die kiem
van haat weer een wortel bijgekregen, een gedachte bezielt ons
"later". "Wraak". Nu zet de schurk zijn laars op de keel van de
ongelukkige en langzaam duwt hij. Zijn slachtoffer wordt rood,
blauw, purper, groen, geel, alle kleuren krijgt hij en dan lost Wyss, tot
de normale kleur er weer is. Tot driemaal toe herbegint hij. Vol woede

trekt hij er dan vandoor en roept: "dat die sigaret u smake, Italiaanse hond." Hij wist het dus wie het gedaan had, maar hij wou zien hoe wij onze kameraad zouden verraden hebben.'

In augustus of september 1942 wordt in een afgelegen bunker in het kamp een folterkamer ingericht. Louis heeft er gelukkig nooit de vreselijke martelingen moeten ondergaan, maar hij ziet wel vaak zijn zwaargehavende makkers na de folteringen terugkomen. Halfdood. Hun pijnen zijn met geen pen te beschrijven, vertelt Louis. Een van hen hing twee dagen omhoog aan een katrol met zijn armen op zijn rug gebonden. De arme stakker begreep niet dat hij dit had overleefd. Hij kreeg een koord om zijn polsen en werd dan in de hoogte getrokken. Dan begon het verhoor. Sprak de naakte gevangene niet, dan kreeg hij van de ossenpees op zijn achterwerk. Tot hij het bewustzijn verloor. Dan lieten ze hem zakken en werd een emmer water over zijn hoofd gekieperd. Als hij was bijgekomen, begon de kwelling opnieuw. Na twee dagen kon de ongelukkige zijn armen niet meer bewegen. Zijn medegevangenen moesten hem eten geven, zoals een moeder haar kind voedt. Een andere gevangene kwam terug en vertelde dat hij met elektrische stroom was bewerkt. Je zag duidelijk de prikjes waar hij met spelden was gestoken. De pijn was verschrikkelijk. Hij kreeg stroomstoten tot in zijn aars. Een andere keer werd het lichaam van de gefolterde bewerkt met brandende sigaren en sigaretten.

En dan zijn er de executies. Het zijn de ergste momenten voor Louis, vooral als enkelen van zijn makkers aan de executiepalen sterven. Zo zal Louis nooit de dood van Marcel Demonceau vergeten. Hij is de eerste gevangene die Louis vanuit zijn kamer geëxecuteerd hoort worden. Als arrestant is Demonceau opgesloten in een cel waar hij de hele dag moet rechtstaan. De negenentwintigjarige voormalige Lakense legerofficier wordt ervan verdacht een aanslag te willen plegen op Rex-leider Léon Degrelle. De stoere en zwaargebouwde man belandt op 10 juli 1943 in de isoleercel in Breendonk. Van een dokter-medegevangene krijgt hij een klein chirurgisch mesje. Marcel heeft twee maanden lang het slot van zijn deur met dit mesje bewerkt. Als hij op een dag ziet dat zijn bewaker dronken is, trapt hij de deur gewoon uit haar slot. Hij springt op zijn bewaker en neemt hem zijn wapen af. Twee toegesnelde wachters met een mitraillette in de aanslag kunnen hem overmeesteren. Marcel krijgt veel slaag en stampen. Hij wordt aan de voeten geketend en afgevoerd. Op 22 februari 1944 wordt hij terechtgesteld, wegens illegaal wapenbezit, hulp aan de vijand en een ontsnappingspoging.

Maar erger vindt Louis de terechtstelling van zijn vriend Albert Blanchart uit Sint-Pieters-Rode (Holsbeek). Op 2 maart 1944 zit Albert na het middageten naast Louis in hun kamer. Albert stopt de kousen van Louis. De deur vliegt open en de luitenant roept luidt: 'Nummer zoveel "heraus".' Albert springt recht, duwt zijn naald in de kousen van Louis, loopt door de kamer en zet zich voor de luitenant in de houding, strak en onbeweeglijk. Hij stapt met opgeheven hoofd met de luitenant mee naar het executieplein, met zijn gezicht naar zijn moordenaars wordt hij aan de executiepaal vastgebonden en terechtgesteld. Albert deelde tot op dat moment hetzelfde lot als dat van Louis: hij was een medestander van Louis in het verzet en werd ook verraden, opgepakt en weggevoerd naar Breendonk.

Zulke onaangekondigde executies moeten voor de mannen een psychische marteling zijn geweest. Op een dag wordt een gevangene aan de executiepaal vastgebonden, maar plots maken de SS-mannen hem weer los omdat het blijkbaar om een vergissing gaat. Hij wordt terug naar zijn kamer gebracht. De jongen sterft bijna van vreugde. Later maakt Louis net hetzelfde mee:

'Later ben ik in hetzelfde geval geweest, gelukkig ben ik tot aan de palen niet geweest en werd ik reeds van in het bureel teruggestuurd. Het bevel was gekomen dat geen enkele gevangene meer mocht gefusilleerd worden en dat ze naar Duitsland zouden overgebracht worden en werkelijk drie weken later waren we reeds in Buchenwald. Het enige wat ik me nog herinner is dat ik gans koud werd, maar dat ik volledig kalm gebleven ben, de dood boezemde ons geen vrees meer in.'

In Breendonk zijn tijdens de oorlog minstens 164 gevangenen geëxecuteerd, veelal als gijzelaars voor moorden op collaborateurs. Volgens richtlijnen van de Duitse bezetter is elke politiek gevangene ook een potentiële gijzelaar, en kan hij dus op elk moment tegen de paal worden gezet. Tijdens de periode waar Louis het hier over heeft, is de geallieerde landing van 6 juni 1944 in Normandië nakende en worden de executiepalen op 6 mei 1944 opgeruimd. Ook de gevangenen worden rond die tijd naar kampen in Duitsland overgebracht. Op 6 mei vertrekt Louis naar Buchenwald. Toen duidelijk was dat de geallieerde opmars niet zo snel ging, kreeg het fort opnieuw executiepalen. In juli en augustus 1944, na het vertrek van Louis, vonden opnieuw executies plaats.

Het stelen van eten wordt in Breendonk zwaar bestraft. Als er prei moet worden gekuist en de tuinman Van Praet draait even zijn hoofd weg, steekt Louis een flink stuk prei in zijn mond. In een oogwenk is het binnen. De tranen staan hem in de ogen en het snot loopt uit zijn neus. Als Van Praet even later een riek gaat halen, gaat er weer een prei naar binnen. Op een dag stoppen enkele gevangenen twee of drie aardappelen of ajuinen weg. Ze worden gesnapt. En de kermis begint. Louis hoort de jongens huilen in hun kamer. Prauss legt de schuldigen over een stoel en zijn zweep klettert op hun zitvlak:

'In het begin huilden de jongens maar op 't laatste hadden zij de kracht niet meer en we hoorden slechts hoe de striemende slagen neerkwamen op het zachte vlees, gemengd met een zwak gereutel. Het gevolg van zo'n afranseling was dat de jongens niet meer konden zitten of liggen, dat maakte dat ze op hun buik moesten slapen. Enkele dagen nadien kon men het beste die blauwe, purpere, groene strepen zien. Het zitvlak was dan een mengeling van kleuren. Als we moesten baden en de jongens gans naakt waren, konden we dat het beste zien, het was walgelijk om te zien. Er waren er waarvan het zitvlak zo erg geslagen was dat ze de twee delen van hun zitvlak open en dicht konden plooien zoals een deur.'

Begin mei 1944 doet in het kamp het nieuws de ronde dat er een invasie van de geallieerden op komst is. Alle gevangenen worden opgetrommeld om zakjes met zand te vullen en stenen aan te voeren om het fort te versterken. Ook Louis wordt nu aan het werk gezet.

Op dat ogenblik zitten de Belgische gevangenissen overvol, ook Breendonk. De verzetsactiviteiten zijn immers vanaf midden 1943 flink toegenomen en de bezetter slaagt er vaker in om verzetsacties op te rollen en arrestaties te verrichten. Duitse informatiediensten infiltreren almaar meer de verzetsgroepen en gaan tot aanhoudingen over. De Duitse bezetter beslist dan om het kamp van Breendonk te ontruimen en de gevangenen naar Duitsland over te brengen. De militaire gouverneur in België, Alexander von Falkenhausen, geeft de toelating tot deporteren. De SS in Brussel behoudt wel het eigendom over gevangenen zoals Louis om ze later in Duitsland alsnog als gijzelaars te kunnen gebruiken. Het is niet toevallig dat de Belgische gevangenen naar Buchenwald worden gezonden: in mei 1944 kunnen daar nog gevangenen worden opgesloten. Er is nog voldoende plaats. De andere concentratiekampen zitten overvol.

In totaal gaat het om 967 mannen, van wie er 630 uit Breendonk komen. De rest komt van de gevangenissen van Sint-Gillis (Brussel) en Antwerpen. Met 351 gedeporteerden is de streek van Leuven met 38 % het best vertegenwoordigd. Uiteindelijk zullen van het transport van 8 mei 442 gevangenen sterven, of 48,3 %, een hoog sterftecijfer.

Op 5 mei 1944 wordt alles voor het transport in gereedheid gebracht en in de nacht van 5 op 6 mei vertrekt een trein uit het Ooststation te Antwerpen, richting Willebroek. Breendonk wordt bijna volledig ontruimd. De gevangenen stappen in Willebroek op de trein. Langs Aalst rijdt de trein naar Schaarbeek, waar de gevangenen van de gevangenis van Sint-Gillis worden opgepikt. Vandaar gaat de reis richting Buchenwald, langs Aarlen, Luxemburg, Koblenz, Fulda, Gotha, Erfurt en uiteindelijk Weimar, nabij Buchenwald. De reis duurt drie dagen. Zestig mannen zitten opgesloten in één wagon. Elke gevangene krijgt een stukje brood en wat worst. Per wagon beschikt men over twee emmers als toilet.

Amper twee weken later, op 20 mei, vertrekt een tweede transport met 890 gevangenen uit verschillende kleine Belgische gevangenissen. Op 19 juni en ten slotte op 10 augustus 1944 komen de laatste transporten in Buchenwald aan. In totaal gaat het om 3259 mensen. Meteen is Buchenwald op dat moment, na Auschwitz, het kamp waar het grootste aantal Belgen is opgesloten.

In de vroege ochtend van 6 mei krijgt iedereen in Breendonk dus plots zijn burgerkleren en bezittingen terug, en gaat het richting Willebroek. Daar stappen ze in het station in treinwagons waarvan de ramen met planken dichtgetimmerd zijn en met prikkeldraad overspannen. Voor het eerst sinds zijn aanhouding ziet Louis opnieuw gewone mensen, vrouwen en kinderen. Ze wuiven naar hem. Wanneer de SS-bewakers dit in het oog krijgen, schieten ze op de wuivende vrouwen en kinderen. Ze schieten ook door de wagons en enkele gevangenen worden getroffen. Zijn gemoed schiet vol.

'Vaarwel Breendonk, nooit zal ik u vergeten, het vrolijke van u kan ik wel vertellen, het smartelijke helaas niet. Ik ben niet bij machte dat neer te schrijven, maar ik zou het toch niet kunnen, want enkel met aan u te denken komen mijn gevallen kameraden me voor de geest, dan komt mijn hart vol en dan moet ik wenen.

Het is zoals één van mijn leraars zei: "Ik hoor het Van Meel, ge vertelt alleen het aangename van uw zaak, het andere houdt ge waarschijnlijk voor u." En zo is het ook, het ligt niet in mijn karakter te klagen, het is mijn geluk geweest, nooit heb ik mijn moraal verloren, en dat redde mij het leven. Aan mijn broer, luitenant in onze beweging, wou ik mijn hart uitstorten, met het gevolg dat ik begon te wenen. Het ging boven mijn krachten, ik kon het eenvoudig gezegd niet en zal het waarschijnlijk nooit kunnen.'

De trein vertrekt en eens in Duitsland wordt er niet meer gewuifd. Als de trein soms stopt, krijgen de gevangenen van Duitse burgers langs de weg, die hen herkennen door de spleten tussen de planken, stenen naar hun kop. Gelukkig zijn de ramen met planken dichtgetimmerd. Louis en zijn lotgenoten krijgen af en toe wat eten en een emmer water. Velen spelen het eten meteen binnen en worden ziek van de buikloop. Na twee dagen en een nacht komen ze 's avonds in Buchenwald aan.

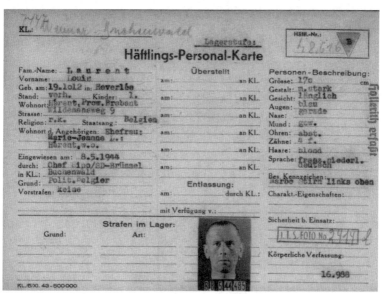

De Häftlings-Personal-Karte uit Buchenwald van Alfons Saelens, 'Frans' in het verhaal van Louis Van Meel. (Arolsen Archives. International Center on Nazi Persecution)

De Häftlings-Personal-Karte uit Buchenwald van Louis Laurent, 'Lucien' in het verhaal van Louis Van Meel. (Arolsen Archives. International Center on Nazi Persecution)

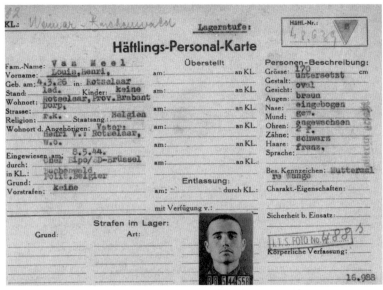

De Häftlings-Personal-Karte uit Buchenwald van Theophile Verbeek, 'Felix' in het verhaal van Louis Van Meel. (Arolsen Archives. International Center on Nazi Persecution)

De Häftlings-Personal-Karte uit Buchenwald van Louis Van Meel. (Arolsen Archives. International Center on Nazi Persecution)

Bij hun aankomst gaan de gevangenen via de Carachoweg naar het kamp Buchenwald. Ze worden door de SS-mannen met hun honden en zwepen, onder het schreeuwen van 'Caracho', onthaald. (Buchenwald Memorial Collection)

BUCHENWALD

Nu staat Louis hier in Buchenwald, ver van de hel van Breendonk, in een andere hel. Hier slaan geen SS-mannen, maar medegevangenen die in dienst van de kampbewaking als 'kapo's' de orde moeten handhaven. Vooral tijdens het eten wordt er geduwd en gevochten, want vijftig borden is echt te weinig voor de vijfhonderd bewoners van de barak van Louis. Als het te druk wordt, slaan de bewoners van de *Stubedienst* die het eten in grote ketels aanvoeren, met borden en pollepels op de hoofden van de onruststokers. Sommigen proberen twee keer in de rij te passeren. Ze worden meestal betrapt en halfdood geslagen.

Dit alles heeft niets te maken met wat deze plek aan vroegere historie uitstraalt. Buchenwald ligt niet ver van Weimar, de hoofdstad van de vergane Duitse Republiek, en bovenal de cultuurstad van de Duitse filosoof Goethe. Hij beklom er de Ettersberg en werkte er onder zijn uitverkoren

De desinfectering van gevangenen in Buchenwald. (Buchenwald Memorial Collection)

beuk. Op die Ettersberg openen de nazi's op 16 juli 1937 het *Konzentrationslager* (KL) Buchenwald. Het kamp wordt door gevangenen zelf gebouwd. Ze vellen er bomen en trekken er de eerste barakken op. De stenen voor de wegen komen uit een nabijgelegen steengroeve. Het kamp wordt geleid door kampcommandant Karl Koch en zijn wreedaardige echtgenote Ilse, de 'heks van Buchenwald', later inspiratiebron voor de erotische film *Ilsa, de wolvin van de SS*. Het sadistische paar begaat er de meest ondenkbare wreedheden op de gevangenen. Maar commandant Koch is een dief, een dronkaard en een gokker. En dat valt niet in de smaak van de SS. Hij wordt voor zijn bedrog aangehouden, verhoord, veroordeeld en gefusilleerd.

Buchenwald is geen uitroeiingskamp zoals Auschwitz, maar een kamp waar je door harde arbeid aan je einde komt. 'Vernichtung durch Arbeit'. Die arbeid gebeurt vooral in de vele bijkampen van Buchenwald, waar ook Louis zal terechtkomen. Buchenwald is ook berucht om zijn medische experimenten en het opzetten van hoofden van gevangenen en het maken van lampenkappen van huiden met tatoeages van gevangenen. Zoals Louis het vertelt, krijgen de nieuwe gevangenen een 'vriendelijke ontvangst' via de zogenaamde 'Carachoweg', waar zij door de SS-mannen met hun honden en zwepen, onder het schreeuwen van 'Caracho' worden onthaald. Buchenwald is ook bekend voor zijn ondergronds verzet, vooral van de Russische partizanen. Dat verzet barstte los op 11 april 1945, net voor het kamp op 13 april 1945 door de Amerikanen werd bevrijd. Als Louis er aankomt, verblijven er zo'n 37.000 gevangenen. Dit aantal zal oplopen tot 80.000 in maart 1945.

In Buchenwald verbleven zo'n 5745 Belgen. Tijdens de oorlog zouden er 240.000 gevangenen met een dertigtal verschillende nationaliteiten worden opgesloten. Zeker 56.500 overleven hun verblijf in het kamp niet. Dertienduizend mannen sterven tijdens het transport naar Buchenwald of de dodenmarsen in april 1945.

In Buchenwald zit Louis in quarantaine in 'het kleine kamp'. Een maand lang. Louis zal nooit in 'het grote kamp' van Buchenwald verblijven. Na zijn aankomst op 8 mei 1944 vertrekt hij al op 7 juni 1944 met zijn drie vrienden naar het nieuwe werkkamp in Langenstein-Zwieberge, nabij Halberstadt, *Kommando BII*. Louis herstelt op dat moment van een longontsteking.

Uit de lijst met zijn bezittingen wanneer hij in Buchenwald aankomt, weten we dat hij een mantel, een vest, een broek een halsdoek en een pull, drie overhemden, een paar schoenen, een paar sokken, een brieftas met papier, een uurwerk, een vulpen en een potlood, en 25 frank bij zich heeft. Allemaal zaken die men hem bij zijn aankomst in Breendonk had afgenomen. Nu moet hij ze opnieuw afgeven en krijgt hij de gestreepte gevangenisplunje, met dito muts. Hij krijgt er maar liefst acht inentingen, aldus zijn *Revierkarte*, en er worden röntgenfoto's genomen. Ook zijn Häftlings-Personal-Karte

Louis Van Meel toen hij op 8 mei 1944 in het concentratiekamp Buchenwald aankwam. *(Arolsen Archives. International Center on Nazi Persecution)*

met pasfoto wordt nog altijd in de archieven van Buchenwald bewaard. Voor het eerst zie ik Louis als 'Häftling', een kaalgeschoren jongeman die je met een vaste blik recht in de ogen kijkt, als wil hij zeggen: 'Jullie hier kunnen mij niets maken!' Toen ik voor het eerst deze foto van de jonge Van Meel zag, kreeg ik het koud en mijn ogen werden vochtig. Met een krop in de keel vroeg ik me af: wie doet zo'n mooie jonge mens zulke vreselijke dingen aan? Louis heeft op de foto geen gestreept gevangenis-pak aan, maar een gewone jas, zo is aan zijn kraag op de foto te zien. Zijn tanden worden geteld, de vorm van zijn neus, oren, ogen en hoofd nauw-gezet beschreven. En zijn gewicht wordt genoteerd: 58 kilogram. Louis is nu officieel lid van het Buchenwaldgezelschap.

Tijdens de quarantainedagen is er niet veel te doen, behalve in de dag wat in de zon liggen. Als die weg is, wordt het vreselijk koud. Louis ervaart er tijdens die eerste dagen in het kamp dat Buchenwald zowat een wereld op zich is. Voor het eerst in zijn leven maakt hij er kennis met vlooien. Er is een orkestje dat speelt wanneer de gevangenen de poort uit gaan om buiten het kamp in een nabijgelegen steengroeve te gaan wer-ken. Er is ook een dierentuin met een grote beer die de hele dag in zijn hok ijsbeert. Hij hoort er verhalen dat er zelfs gevangenen als prooi in het hok zijn gegooid. Louis probeert er menselijk te blijven, maar de slechtste instincten van de mens komen hier naar boven. De 'verbees-ting', zoals hij het omschrijft, loert hier overal en altijd om de hoek. Louis ziet er compleet ontredderde mannen in een afgrijselijke staat, moreel gebroken, vechtend voor enkele lepels soep die naast de emmer zijn gevallen, in het spuug en de urine. De dood is hier een familielid geworden. Zij die niet willen sterven, worden ontmenselijkt.

Na zijn quarantaine moet Louis enkele dagen in een steengroeve wer-ken. Het rustige quarantaineleven is voorbij. De groeve is een soort van put waarin de gevangenen stenen kappen. Boven op de rand van de put kijken de SS-bewakers toe. Als ze zien dat je niet genoeg werkt, gooien ze stenen naar je hoofd. Die stenen moet je dan terug naar de SS-bewakers brengen. Veel gevangenen overleven die klimtocht met de stenen niet en storten dodelijk naar beneden. Nadien komt Louis terecht in een fabriek waar geweren gemaakt worden. Hij doet er mee aan de sabotage van de

Een van de zeldzame foto's uit een concentratiekamp met krijgsgevangenen die verplicht worden turnoefeningen te doen, op commando van een SS'er. (Ullstein Bild)

wapens. Gevangenen smokkelen er geregeld wapens naar het kamp en verbergen ze. Later zullen ze van pas komen als net voor de bevrijding de grote gevangenenopstand in Buchenwald uitbreekt.

HALBERSTADT-LANGENSTEIN-ZWIEBERGE

Op 7 juni 1944 wordt een dertigtal gevangenen uit het Leuvense, veelal partizanen, maar ook Louis en zijn vrienden, naar de poort van het kamp van Buchenwald geroepen. In volle angst, want ze weten niet wat er zal gebeuren. Ze vertrekken in een vrachtwagen naar het werkkamp van Halberstadt. Het kamp is een echt dodenkamp. Je moet er zo hard werken dat je het normaal gezien niet overleeft. Tegen de avond bereiken ze Langenstein, een dorpje niet ver van Halberstadt, waar ze worden afgezet aan een schuur met prikkeldraad omringd. Ze moeten daar een nieuw kamp, het kamp met de officiële naam Halberstadt-Langenstein-

De ingang van het kamp Halberstadt-Langenstein-Zwieberge. (Foto Pierre Dietz)

Het kamp Halberstadt-Langenstein-Zwieberge. Van april 1944 tot april 1945 verbleven er zo'n zevenduizend gevangenen uit minstens zeventien verschillende landen in achttien blokken die door ongeveer vijfhonderd SS'ers werden bewaakt. (Foto Pierre Dietz)

De Amerikaanse troepen die het werkkamp Langenstein op 11 april 1945 bevrijdden, troffen er krijgsgevangenen aan in erbarmelijke omstandigheden. (United States Holocaust Memorial Museum Washington)

Zwieberge/Junkerswerke ('Juha') opbouwen. Er zijn drie commando's actief, die luisteren naar de namen Malachit, Maifisch en Junkers. Tot dat laatste commando behoort Louis. Hij zit in een groep met de eerste Belgen die er arriveren en zal in Blok 17 terechtkomen. De rest van zijn gezelschap, in totaal zo'n vijfhonderd man, bestaat vooral uit Russen. Uiteindelijke bestemming: de dood.

Het kamp werd op 11 april 1945 door de Amerikanen bevrijd. Zij troffen er nog zo'n zestienhonderd uitgeputte en stervende gevangenen aan. De doden werden op bevel van de Amerikaanse troepen in massagraven gelegd door Duitse bewoners uit de buurt. De dagen nadien stierven nog 144 gevangenen in een veldhospitaal in Halberstadt. In het archief van het United States Holocaust Memorial Museum in Washington ontdekte ik een aangrijpende film van ongeveer tien minuten en talrijke foto's van deze bevrijding. Onwezenlijk en onmenselijk...

Het werkkamp Langenstein-Zwieberge is vandaag een herdenkingsmonument zoals Duitsland er heel veel heeft. Op 21 april 1944 openden de nazi's zo'n vier kilometer van de gemeente Halberstadt (Sachsen-Anhalt) dit buitenkamp van Buchenwald. Van april 1944 tot april 1945 verbleven er zo'n zevenduizend gevangenen uit minstens zeventien verschillende landen in achttien blokken die door ongeveer vijfhonderd SS'ers werden bewaakt. Het hoofdkamp Buchenwald telde talrijke buitenkampen of werkkampen. Tussen 1940 en 1945 zo'n honderddertig. Ze kregen, nogal cynisch, vrouwennamen als Dora, Laura, Magda en Martha. Deze buitencommando's (*Aussenkommandos*) stonden volledig in dienst van de Duitse oorlogseconomie. De gevangenen werden in Buchenwald geselecteerd op basis van hun lichamelijke gezondheid. Louis werd zo geschikt bevonden voor een werkkamp, aldus een transportlijst die in het archief van Buchenwald is bewaard. De gevangenen, zowel vrouwen als mannen, kwamen niet alleen uit Buchenwald, maar uit alle kampen, onder andere uit Auschwitz. Het waren bovendien lang niet allemaal politiek gevangenen, maar ook Russische krijgsgevangenen, criminelen, 'asocialen', homo's en Joden. In

Een transportlijst uit de archieven van het concentratiekamp van Buchenwald met de namen van Louis en zijn vrienden die naar het werkkamp van Langenstein werden overgeplaatst op 7 juni 1944. (Arolsen Archives. International Center on Nazi Persecution)

Enkele bevrijde krijgsgevangenen van het werkkamp Langenstein, 11 april 1945. Hun mede-gevangene Louis Van Meel bevond zich op dat moment in de dodenmars. (United States Holocaust Memorial Museum Washington)

Langenstein-Zwieberge zou de productie worden opgestart van de bouw van de Junker-vliegtuigen en de V2-raketten. Duizenden gevangenen verloren er het leven bij de bouw van de tunnels in het Harz-gebergte rond Halberstadt, waar de productie van de Junkers tegen de bombardementen van geallieerde vliegtuigen moest worden beschermd. De gemiddelde levensduur van een gevangene bedroeg er zes weken; zestig tot vijfenzeventig procent stierf.

Er blijft vandaag van het kamp niet veel meer over. In de bossen zijn een paar gebouwen bewaard, je kunt er een museum bezoeken, en een monument werd opgericht ter nagedachtenis van de slachtoffers. Op de vroegere appelplaats graasden er eerst koeien, dan kwam er een aardappelveld, en nu is het een verwilderde weide. Het gebied werd na de oorlog deel van de Oost-Duitse DDR, en de tunnels waar de gevangenen werkten, werden door de geheime DDR-dienst, de Stasi, als opslagruimte voor munitie en wapens gebruikt. Een gebied van ruim dertien hectaren is nog toegankelijk; bezoekers kunnen er de tunnels en de resten van de blokken van het kamp bekijken.

In Langenstein werkt Louis, samen met zijn vrienden, elke dag twaalf uur lang aan de aanleg van een spoorweglijn. 's Middags krijgt hij een halfuurtje vrij. Hij sjouwt de hele dag met zware spoorrails en kapt stenen om onder de dwarsbalken te plaatsen, tot hij erbij neervalt. Onder zijn ogen sterven veel gevangenen. Ook daar krijgt hij geregeld slagen als de bewakers vinden dat het niet snel genoeg gaat. Lukt het dan nog niet, dan volgt een straf: vijfentwintig stokslagen op je blote achterwerk. 's Avonds bestaat het eten uit wat smerige soep. Louis zal hier het ergste van zijn gevangenistijd beleven, zo vertelt hij. Op een bepaald ogenblik had hij er genoeg van en was hij van plan om te stoppen met werken. Tot op een dag een gevangene die ook niet meer wou werken, werd opgehangen. Vanaf dan werkt Louis alleen nog als de bewakers hem zien, zodra ze hem de rug toekeren, rust hij wat uit. Je moet slim zijn om te overleven.

Louis valt bij de SS op omdat hij Duits spreekt. Hij wordt aangesteld als 'Vorarbeiter', de ploegbaas van een commando dat tunnels bouwt. De meesten van deze bazen zijn bij de gevangenen niet populair omdat ze bekeken worden als handlangers van de SS-kampbewaking. Om zich bij de SS te bewijzen, slaan die ploegbazen er dus geregeld duchtig op los. Louis krijgt als ploegbaas een lichter bestaan, met brood en twee liter goede soep met vlees, bonen en aardappelen. Maar zijn betere leven duurt slechts drie weken...

'De SS'ers hadden ondervonden dat ik de jongens niet hard genoeg deed werken. Dat ging zo. We moesten een tunnel maken die in een andere uitkwam, dat maakt dat er slechts één ingang aan was. De jongens werkten op hun gemak en om de beurt gingen ze slapen. Ik stond met een goede knuppel aan de ingang. Doch zodra er een SS aankwam, begon ik te huilen en te vloeken en dreigde mijn kameraden met mijn knuppel. Deze kenden dat en zolang de SS daar was, werkten ze hard, doch nauwelijks was hij weg of ze legden zich neer om uit te rusten. Omdat de SS dacht dat ik de jongens sloeg en ze deed werken, kreeg ik nu en dan een stukje brood of een sigaret, die we dan samen oprookten. Was ik moe, dan zette ik iemand anders op post en ging een beetje slapen. Omdat de jongens onder elkaar over het werk praatten, was het weldra bekend, dat ze bij mij niet hard moesten

werken en dat ze mochten slapen als ze moe waren en 's morgens
vochten ze om in mijn commando te zijn. Gebeurde het nu dat we
bezoek kregen van de SS en deze te lang bleef, dan konden de jongens
dat niet uithouden en dan sprong ik bij, om de zwaksten te helpen.
Doch als Vorarbeiter mocht ik niet werken en dan verboden ze dat. Als
ik nu zei dat de jongen te moe was, dan kreeg hij slagen. Maar ik zei
altijd dat ik toch iets moest doen, want dat ik me anders verveelde.
Achter mijn rug zei de SS tegen mijn kornuiten dat ik ne goeie was. Ja
ge moet maar Mof zijn, om u om de tuin te laten leiden. Meestal
waren het de jongens aan de boormachine die het rapste moe waren,
maar als ik ze dan overnam, moesten zij een ander werk doen, doch
een uitweg was rap gevonden. Als we op 1,50 meter boorden, legde ik ze
op mijn makker zijn schouder en rustte hij dan. Doch tegen de grond
ging dat beter, dan zaten we neer, ik duwde met mijn voeten tegen de
boor en met mijn rug steunde ik tegen zijn rug, dat was nog beter.
Doch het lekte uit en ik kon terug gaan werken.'

Elke dag vallen er doden. Aan het einde van een werkdag moeten alle
overleden gevangenen opgehaald, naar het kamp gedragen en op een
hoop gelegd worden. Ook Louis helpt vaak bij dit vreselijke karwei:

'Eens werd ik uitgekozen om drie gevangenen die opgehangen waren,
af te haken, ze te ontkleden en ze dan weg te dragen. Mijn kameraad
die met mij een kist droeg, zei, toen de hand van de dode tegen de kist
sloeg: "Neen manneke, ge moogt er niet uit, blijf maar in uw kot." Ik
werd er koud van. Dat we ongevoelig en ruw waren, dat wist ik wel,
maar zulke taal kwam hier toch niet van pas omdat het om een
medegevangene ging. Ik antwoordde hem dan ook dat zijn opmerking
gemeen was. Maar hij zei dat het was om zijn woede te bedwingen, een
eigenaardige opmerking, maar zo waren we.'

Elke avond moet iedere gevangene een dode op zijn rug dragen. Vaak in
de striemende kou. Louis kent de trucs om zich tegen de kou te beschermen. Onder zijn kleren draagt hij een cementzak rond zijn lichaam, en
rond zijn benen bindt hij met fijne koperdraad die hij gebruikt om te dyna-

miteren, stroken cementzakpapier. Wie zich zo niet aankleedt, overleeft de koude niet. De doden worden op een aangeduide plek gelegd en de lijkendragers brengen ze dan verder naar hun bestemming, een massagraf. Op een andere plek worden de zieken en gewonden achtergelaten. Zogenaamde verplegers komen hen halen. Nu ja, halen: ze slepen de halfdoden als bostakken voort. Ze nemen de gewonden aan de voeten vast en trekken ze zo naar het 'Revier', de ziekenboeg van het kamp. Hun hoofden schuren over de sneeuw. Dat kan de verplegers niet schelen. Dan trekken ze de lichamen drie of vier treden omhoog om in de ziekenzaal te geraken. Ook dan botsen de hoofden tegen de treden. In de zaal worden de zieken als meelzakken tussen de andere ongelukkigen gegooid. Kermend en roerloos liggen ze op de grond.

KERSTMIS 1944

Het is Kerstmis 1944. Er heerst bij de gevangenen een andere sfeer dan normaal. Er wordt stiekem droog hout verzameld om straks tijdens kerstavond de kachel flink te laten branden. Louis en zijn vrienden halen alle tabak en sigaretten uit de schuilplaatsen. Een deel bewaren ze voor na het eten. De rest ruilen ze voor 'Fleischwurst' of 'Halberstadter Würstchen'. Het laatste eten wordt verzameld en eerlijk verdeeld. Louis legt wat ajuinen in de as van het hout, onder de kachel, en laat ze lekker gaar worden. Het feest kan beginnen.

Dat mag wel, want Louis heeft een bewogen dag achter de rug. Tijdens het maken van cement in een betonmolen werpt een bewaker een sigarettenpeuk weg. Lucien gooit zich vliegensvlug op de peuk, bijna een halve sigaret. Hij trekt er even aan en dan gaat de peuk van Rus tot Fransman en dan weer naar een Belg. Wat zijn ze zielsgelukkig. Tot een SS-bewaker het rookfestijn opmerkt. Hij stormt op onze vrienden af en laat zijn knuppel dansen op hun ribben. *'Drekhonden, gespuis, bandieten!'* roept hij. *'Denkt ge dat het hier een rooksalon is?'* buldert de SS-man. *'Kapot moet ge! Allemaal'*, voegt hij er nog dreigend aan toe. *'Du Belgier'*, zegt hij plots tegen Louis. *'Kommst du mal mit mir.'* Vol angst gaat Louis mee. Hij wordt naar een ploeg gebracht die gaten aan het boren is om springstof aan te brengen en door de ontploffing ervan een tunnelholte te maken. Tegen de tunnelwand ligt een dode gevangene. *'Tegen de avond zijt ge bij hem',* zegt de SS-man tegen Louis. *'Ge hebt nog dertig minuten te leven.'* Daarop vertrekt hij neuriënd naar een ander commando.

Het koud zweet breekt Louis uit en hij is ervan overtuigd dat hij van die man verlost moet geraken:

'De week voordien had ik nog gelijkaardig boorwerk gedaan. Ik had nog kardoezen verstopt. Daar zou ik me van bedienen! Ik spoedde me naar het einde van de gang en vroeg nederig aan de daar op wacht staande post: "Herr SS-mann, bitte austreten zu dürfen." Dat was de geijkte formule waarmee de toelating gevraagd werd om naar het WC te gaan. Ik kreeg de toelating maar moest binnen tien minuten terug zijn. Snel begaf ik me naar de plaats waar ik de kardoezen verborgen had en stopte er twee in mijn broekspijpen die ik van onder toegebonden had. Daarop vatte ik de terugtocht aan. "Herr SS-man, vom Austreten zurück, bitte vorbeigehen zu dürfen." Het kwam in orde. Toen ik terugkwam, was juist het laatste gat geboord. Dat viel mee! Ik bood me aan als vrijwilliger om de kardoezen te steken en het spel te doen ontploffen. De 'Vorarbeiter' bekeek me argwanend...

"Wat kan het mij schelen", zei ik. "Ik moet immers toch kapot." "Goed", zei de "Vorarbeiter", die tevreden was zelf niet verplicht te zijn iemand te moeten aanduiden. Daarop overhandigde hij mij het voorziene aantal kardoezen. Toen verliet iedereen de gang naar een veiliger plaats. Zo snel ik kon, stak ik de kardoezen in het gat en legde de draad. Het zweet droop me van het lijf. Hoeveel minuten zouden er reeds verlopen zijn? Ik wilde er niet aan denken! Vliegensvlug stopte ik de twee kardoezen bij in één gat. Nu zou bij de ontploffing het reeds geboorde gedeelte dat nog niet onderstut was zeker instorten in plaats van alleen maar een dieper gat te slaan. Hijgend rolde ik de draad tot onder het gestutte gedeelte. Alles was in orde! Eén beweging van mijn hand en heel het spel zou zeker instorten. Bezorgd keek ik naar de stutsels. Als die maar standhielden! Het enige wat me nog te doen bleef was de plaat "Gesperrt" wegnemen langs de gang waardoor de SS-man moest komen. Ik kwam reeds te laat! De SS-man was al in aantocht! Zodra ik hem

bemerkte, zette ik het op een lopen. Hij dacht dat ik wou vluchten en
brulde woedend: "Halt!" Ik liep al wat ik geven kon! Ik struikelde, viel en
was al weer recht. Een seconde later vloog een kogel me rakelings voorbij!
Als ik mijn plaats niet kon bereiken voor de SS-man in de gang kwam,
was het met mij gedaan! Een tweede kogel floot langs me af, hetgeen
betekende dat de onmens reeds in mijn gewelf was.
Uitgeput liet ik me vallen en een seconde daarop beefde de aarde! De
lucht sloeg uit mijn longen en ik bleef een ogenblik versuft liggen. Ik
spuwde het stof uit mijn mond en keek bezorgd naar het niet onderstutte
gewelf. Ieder ogenblik verwachtte ik mijn achtervolger uit de stofwolk te
zien komen om met mij af te rekenen, maar er was geen spoor van leven
te bespeuren. Fijne stofdeeltjes zakten langzaam naar beneden en lieten
een paar ogenblikken later toe iets te onderscheiden van het resultaat van
de ontploffing. Het niet onderstutte gewelf was ingeslagen en onder
duizenden kilogram steen stak de SS-man.
Ik slaakte een zucht van verlichting. Had ik een moord begaan? Ik wilde
er niet aan denken. Ik was te gelukkig het er levend te hebben van af
gebracht. Zij die meer vermoedden, zwegen uit vrees voor de sancties van
de illegaal werkzaam zijnde verzetsleden. Het geval werd geklasseerd
als: "verongelukt wegens onvoorzichtigheid". Hij was immers de plaat
"Gesperrt" voorbijgelopen!'

Louis keert terug naar zijn commando en zijn vrienden zijn zielsgelukkig
hem terug te zien, zeker wanneer hij hun vertelt wat er gebeurd is. Felix
legt daarna uit dat hij wat tabak had willen ruilen tegen spek van een paar
zigeuners die naar eigen zeggen uit geloofsovertuiging geen varkensvlees
mogen eten. Felix geloofde hen niet en werd meteen achterdochtig, want
wie laat nu zo'n lekker varkensvlees 'uit overtuiging' liggen? Wanneer
Felix het vlees ziet, wordt het direct duidelijk dat het... mensenvlees is. 'Ah
neen hé', antwoordt Louis. 'Mensenvlees jong', houdt Felix vol. 'Echt mensenvlees.' De zigeuners werden betrapt toen ze een tweede keer vlees kwamen
snijden uit een lijk. Het eerste gesneden vlees hadden ze al verkocht. Een
koude rilling loopt over Louis zijn rug.

Na het appel trekken ze terug naar hun blok. Iedereen schaart zich
zwijgend rond het vuur en wacht tot middernacht:

'En ja, daar gebeurde het! Plots weerklonk schoon en vol overgave uit de mond van één der Vlamingen het: "Stille Nacht"! Iedereen zong mee en het was alsof ze zich allemaal vastklampten aan dat lied als een drenkeling aan de hem toegeworpen reddingsboei.

Toen het lied gedaan was, werd er geapplaudisseerd en "bis" geroepen. Daarop zong één der Fransen: "Noël". Hetzelfde succes viel hem te beurt. Bob, de Engelsman, zong "White Christmas". "I'm dreaming of a white Christmas..." Het was een witte Kerstmis, maar de omstandigheden vielen niet mee.

Vrede op aarde aan alle mensen die van goede wil zijn... Maar... onze beulen waren niet van goede wil. Iedere dag trachtten zij voor ons om te zetten in ellende en lijden.'

III
DE DODENMARS

'Zouden de zwijgzame bossen getuige zijn van onze doodstrijd?'

PANIEK

Vanaf maart 1945 breekt een ware paniekstemming uit in alle Duitse gelederen. Het laatste hoopvolle bericht dat Louis heeft vernomen, is dat de Amerikanen in aantocht zijn. Het front zou zich op veertig of vijftig kilometer van het kamp bevinden. De vrijheid komt dichterbij. Zulke berichten houden er de moed in. De geallieerde legers rukken vanuit het westen op naar het midden van het Duitse nazirijk. Nadat Hitler tijdens de winter van 1944-1945 het Ardennenoffensief heeft verloren, is alle hoop op het winnen van de oorlog voor de Führer in rook opgegaan. In deze chaotische periode aan het einde van de oorlog zitten de Duitsers wel opgescheept met tienduizenden gevangenen in hun concentratiekampen. Ook de gevangenen krijgen stilaan lucht van die paniekstemming bij de vijand. De bezetter beslist om de kampen te ontruimen en de gevangenen nog als arbeidskrachten in te zetten bij de bouw van de nieuwe wapens van Hitler, de V-raketten, zijn *Vergeltungswaffen*.

Buchenwald en de bijkampen ervan worden vanaf 4 april 1945 ontruimd. Alle gevangenen vertrekken in lange colonnes. Er is wel een einddoel, maar dat wijzigt voortdurend omdat de geallieerden steeds meer Duits grondgebied veroveren en de dodenmarsen een andere richting uit moeten. Resultaat: complete chaos. Deze tochten zijn voor de gevangenen een nieuwe vorm van pijn en terreur. Nog erger dan wat ze in het kamp meemaakten. In de eerste maanden van 1945 trekken honderden dergelijke moorddadige konvooien langs de wegen van Duitsland, Polen, Oostenrijk en Tsjecho-Slowakije. De marsen die door SS-Reichsleiter Heinrich Himmler zelf worden bevolen – geen enkele gezonde gevangene mocht achterblijven omdat die nog voor dwangarbeid ingezet kon worden en nuttig was als gijzelaar bij eventuele onderhandelingen met de geallieerden – beginnen in januari 1945 op grote schaal na de evacuatie van het concentratiekamp Auschwitz in Polen. Opgejaagd door de geallieerden in het westen en de Russen in het oosten worden zowat 750.000 gevangenen naar het midden van Duitsland gedreven. Minstens 250.000 van hen sterven tijdens die tochten.

Vanuit het oosten komt het Sovjet-Russische leger steeds dichterbij en de SS beslist om het kamp van Zwieberge, waar Louis verbijft, ook te ontruimen. En de geallieerden bombarderen aanhoudend de omgeving rond Halberstadt. In het weekeinde van 7 en 8 april 1945 verschijnen er jachtbommenwerpers aan de horizon. Ze werpen enkele staafbrandbommen af op het station van Halberstadt. Het Nedersaksische stadje wordt voor driekwart verwoest.

Op maandag 9 april 1945 krijgen de gevangenen van hun blokoversten te horen dat het kamp wordt ontruimd. Louis vertrekt in de bommenregen met alle gevangenen voor wat de geschiedenis zal ingaan als de 'dodenmarsen'. Lange rijen uitgehongerde gevangenen in streepjespakken die voortstrompelen, op weg naar een ander kamp dat nog in Duitse handen is. Links en rechts van de colonnes lopen, om de vier tot vijf meter, gewapende SS-bewakers. Wie niet meer meekan, wordt genadeloos langs de kant van de weg met een nekschot afgemaakt of doodgeslagen. Wie niet in de rij loopt, krijgt een pak zweepslagen op de rug. Doden en zieken worden in het kamp achtergelaten of gedood. Enkele zieken kleden zich uit en verstoppen zich in een berg lijken, om te overleven.

Voor de erbarmelijke voettocht begint, probeert de SS met machinegeweren vanaf de flank van een berg aan het kamp nog gevangenen te doden die de barak met de mondvoorraad hadden geplunderd. Louis vindt hun houding heel dom, want na al die jaren in het kamp hadden ze moeten weten dat je een Duits bevel best niet negeert.

Wie niet kon volgen tijdens de dodenmarsen werd genadeloos door de SS afgemaakt. Waar een dodenmars was gepasseerd, bleef een hoop lijken achter. (Foto Pierre Dietz)

Op 8 april 1945 beginnen Louis en ruim vijfduizend andere gevangenen, verdeeld in colonnes van elk vijfhonderd man, uit de kampen Malachit en Zwieberge aan hun dodenmars richting het oosten. Louis zit in een groep uit Zwieberge met vijfhonderd man, onder wie zestien Belgen; drie of vier van hen zouden de tocht niet overleven. Slechts vijfhonderd van die vijfduizend gevangenen worden uiteindelijk door de Russen bevrijd. De dodenmarsen uit Langenstein-Zwieberge gaan zuidwaarts, richting Westerhausen, Quedlindburg, Gernrode, Bitterfeld, Gräfenhainichen, Staupitz, Schildau, Stréhla, steken de rivier de Elbe over en buigen dan terug noordwaarts. Vermoedelijk was hun eindbestemming het kamp van Maagdenburg, zo valt af te leiden uit Duits historisch onderzoek. Langs de bossen ten oosten van de Elbe, ter hoogte van Wittenberg, moet Louis zijn ontsnapt, richting het dorp Zahna. Een ander deel van de groep trekt vanaf Stréhla zuidwaarts tot Freiberg en Borstendorf, waar deze gevangenen op 1 mei door de Russen worden bevrijd. Louis vermeldt deze laatste plaatsen die deze groep passeerde in zijn verhaal niet, dus is hij zonder twijfel met de eerste groep over de Elbe getrokken.

Elke gevangene krijgt een deken mee want de nachten zijn koud en ze moeten onderweg onder de blote hemel slapen. Louis en zijn vrienden Frans, Felix en Lucien blijven samen.

De eerste slachtoffers vallen onder de uitgeputte gevangenen. Ze zakken door de knieën en blijven roerloos langs de weg liggen. Een nekschot en enkele stuiptrekkingen, en het is gedaan. Louis ziet hoe een gevangene gewoon uit de rij stapt en zich op een kilometerpaal zet. Wanneer een SS'er zijn koude pistool tegen het hoofd van de ongelukkige plaatst, blijft deze zelfs roerloos zitten. Als de colonne voorbij is, blijft een spoor van dode gevangenen achter, op beestachtige wijze afgemaakt.

De tocht is één strijd om te overleven. De Belgen proberen samen te blijven. Ze zijn nog in tamelijk goede conditie en vormen de achterhoede van de colonne. Meer en meer komen er gevangenen van een andere nationaliteit in hun groep terecht. Ze hebben zich laten afzakken omdat ze het tempo niet meer konden volgen. Ze klampen de Belgen aan om zich te laten ondersteunen, maar met stokslagen worden ze van de Belgische lijven geklopt. Wie hier geen goede kameraden heeft, is reddeloos verloren. Na een tijdje komen er ook uitgeputte Belgen in het groepje van Louis terecht. Een van hen belooft Louis fortuinen om hem te ondersteunen. Hij wordt door twee Belgen opgevangen, zijn armen om hun nek geslagen en zo strompelen ze voort, kilometers en kilometers. Als zijn inzinking voorbij is, loopt de Belg op eigen krachten weer verder naar de kop van de groep. Een van de mannen die hem heeft ondersteund, is nu zelf uitgeput en vraagt de Belg die werd geholpen om hem nu ook te helpen. En dan gebeurt het volgende:

'Hij had echter geen tijd! Hij kon toch voor een ander zijn leven niet wagen! Hij was te vermoeid en hij kon zelf niet meer! Hij ging zeker sterven enz. enz. De lafaard verdween opnieuw in de richting van de voorste gelederen. De arme sukkelaar die zo lang aan hem had zitten sleuren was de uitputting nabij. Kalm en gelaten liet hij zich echter op zijn beurt door zijn kameraden meedragen. Zodra het ergste voorbij was, wilde hij van zijn makkers niet profiteren en begon weer op eigen krachten zijn weg voort te zetten.

Enkele kilometers verder bemerkten we hoe de lafaard die door hem gered werd opnieuw naar de achterhoede afzakte. Hij had een tweede inzinking. Zijn gehuil en gesmeek konden niet meer baten. Ruwe handen stieten hem van hen af. Hoe hij ook smeekte, kermde en geld beloofde, het was allemaal tevergeefs. Hij had zelf zijn doodvonnis getekend door degene niet te helpen, die hem geholpen had, op een ogenblik dat hij daartoe in staat was en dat zijn redder zelf totaal uitgeput was.

Toen het schot weerklonk, wisten we dat een Belg meer toegevoegd was aan de eindeloze lijst van slachtoffers van het nazigeweld. We troostten ons door ons wijs te maken dat het beter zo'n lafaard kon zijn dan één van onze trouwe onbaatzuchtige kameraden. De echte rotsvaste kameraadschap trad daar naar voor. Bedriegers tekenden toen hun eigen doodvonnis.'

Ook Louis geraakt stilaan uitgeput. Ook hem moeten ze meesleuren.

'De brandende dorst kwelde me. Ik gaf hen mijn lege bokaal om hen bij de eerste gelegenheid in staat te stellen deze te vullen. Hoe lang ze mij zo

voort gesleurd hebben weet ik niet. Mijn toestand verbeterde toen iemand mij water tussen de lippen goot. Dan werd mijn bokaal me weer gevuld in de hand gestopt. Weer was het water uit een vijver of uit een beek. Het was doorweven met groene drekkige vezels en weer zaten er waterkevertjes in de bokaal! De vreselijke drank werd echter gretig ingenomen.'

BRANDENDE SCHUREN

De nacht valt en de gevangenen leggen zich neer in het natte gras. Wie nog een deken heeft, rolt er zich in en probeert te slapen. Veel gevangenen gooiden hun deken weg omdat het door de regen te zwaar was geworden. Nu hebben ze het koud. Ze kruipen tegen elkaar aan om zich wat te verwarmen. De volgende ochtend zijn enkele gevangenen dood aan elkaar vastgevroren.

'Honger', daar draait deze tocht om. Overal proberen de gevangenen eten te zoeken. Als enkele gevangenen in een aardappelkuil enkele aardappelen proberen te jatten, worden ze meteen door de SS neergekogeld. Een mensenleven betekent hier niets. De fruitbomen staan in bloei en als de colonne voorbij is, hangt er praktisch geen enkele bloem meer aan de bomen. Alles is in de hongerige magen verdwenen.

Aan het einde van de dag stopt de colonne aan een boerderij met grote schuren. De gevangenen worden in de schuren gedreven en laten zich vermoeid in het stro vallen. Louis heeft in een stoffen zak nog een bokaal met water steken, en een stukje brood van tweehonderd gram. Een Russische gevangene probeert met een scheermesje de rugzak van Louis open te snijden om zijn brood te stelen. Maar Louis heeft het gemerkt en slaat met zijn knuppel genadeloos op de hersenpan van de Rus. Het gejatte stukje brood valt uit de mond van de Rus, die roerloos blijft liggen. Louis eet het stukje brood dan maar snel zelf op om straks niet opnieuw te worden aangevallen door andere gevangenen.

De ochtend nadien worden de gevangenen gewekt en op de binnenplaats van de boerderij bijeengedreven. Ze krijgen niets te eten, niets te drinken. Als iedereen is verzameld, beginnen de SS'ers in de schuren met rieken in het stro te steken om te zien of er zich geen gevangenen verstopt hebben. Enkele gevangenen worden betrapt en uit de schuren gehaald. De SS is er niet zeker van dat alle gevangenen uit de schuren zijn en besluit dan maar om die af te sluiten en in brand te steken. De protesterende boer wordt door de SS'ers het zwijgen opgelegd met de kolf van hun geweren. Kort daarna stijgt het gekerm en gehuil van enkele gevangenen op. Ze bonken op de gesloten poorten van de schuren om te worden vrijgelaten. *'Hun onmenselijk klinkend gehuil hield plots op toen de hele stapel brandend hooi over hen heen stortte'*, vertelt Louis.

Dit verhaal van Louis doet denken aan wat zich rond die periode, op 13 april 1945, in het dorp Gardelegen, boven Maagdenburg, afspeelde. Daar passeerde een groep uitgeputte gevangenen van een dodenmars, waarschijnlijk uit Ellrich, een berucht bijkamp van Dora. De SS'ers sloten er ruim duizend gevangenen in een schuur op, timmerden de ramen en deuren dicht en goten benzine over de muren. Rond 19 uur 's avonds werd de schuur door de SS in brand gestoken. Urenlang brandde de schuur, er werd gehuild en geroepen, gevangenen die konden ontsnappen werden meteen neergeschoten. De Duitsers keken toe. Later ontdekten Amerikaanse soldaten de schuur met een driehonderdtal verkoolde lijken. Er waren zeker acht Belgen onder de slachtoffers. Er zijn in de teksten van Louis geen aanwijzingen dat het in zijn verhaal om dit drama in Gardelegen gaat; de feiten komen niet overeen met wat Louis schrijft, en de Belgen die de dood vonden in Gardelegen, behoorden niet tot de groep van Louis. Blijkbaar paste de Duitse SS ook tijdens andere dodenmarsen deze vreselijke praktijk toe.

Onderweg zien de gevangenen langs de kant van de weg vaak Duitsers, gewone mannen en vrouwen die hen vragend aanstaren. Soms worden ze geholpen, wat niet naar de zin is van de SS.

'In een dorp waar we voorbijtrokken kwamen, op ons geroep, enkele vrouwen aangelopen met emmers gevuld met water. De S.S. sloeg hen echter de emmers uit de handen.
Enkele vrouwen gelukten er echter in, tussen de gelederen te geraken. Met onze bekers schepten we vliegensvlug in de emmers die het zo begeerde vocht bevatten. Die enkele emmers waren echter niet voldoende om zoveel

Op 13 april 1945 passeerde in Gardelegen, boven Maagdenburg, een groep uitgeputte gevangenen van een dodenmars. De SS'ers sloten er ruim duizend gevangenen in een schuur open staken die in brand. (Ullstein Bild)

dorstige gevangenen te laven. De vrouwen van wie de emmers uit hun handen geslagen waren, hadden ze alweer gevuld. Onverpoosd trachtten zij in onze gelederen te dringen. Het werd een algemeen tumult.
Op het dorpsplein stond een waterpomp, waaruit een natuurlijke bron onophoudend water spoot. Enkele gevangenen liepen er op af. Schoten weerklonken. Geen enkele van de gevangenen bereikte de pomp. Hun in doodstrijd kronkelende lichamen deden een kind dat, op de arm van zijn moeder gezeten, ons zag voorbijtrekken, een zenuwcrisis krijgen. Dat was de druppel die de beker deed overlopen! De woedend geworden vrouwen vlogen schreeuwend de S.S. in het haar.
Wij maakten van de gelegenheid gebruik om in 't voorbijgaan vliegensvlug onze bekers onder de gulpende waterstraal te houden. Toen de vrouwen moesten vluchten voor de kolven van de geweren die harde klappen begonnen uit te delen, wierpen zij van uit de ramen, aardappelen, brood, rapen, wortelen en alle mogelijke eetbare dingen tussen onze rangen.'

Buiten het dorp wordt halt gehouden. De bewakers gaan eten. Even later komt een vrachtwagen aangereden, geladen met brood. Onder sterke bewaking worden de broden verdeeld. Eén brood voor zestien mannen. Zodra een groep zijn brood heeft gekregen, ontstaan er gevechten om het brood te verdelen. De SS maakt er met enkele rake mitrailleurschoten in het groepje vechtende mannen een einde aan. Louis zit in een groep met vertrouwde kameraden. Zij verdelen hun brood eerlijk.

OP DE VLUCHT

Velen denken aan vluchten, maar weinigen durven deze hachelijke onderneming aan. Het is pure zelfmoord. Een Belg waagt het toch. Er wordt op hem geschoten, maar de kogels missen hun doel. Louis ziet hem angstig verder weglopen en ontsnappen. De vluchteling komt even verderop echter een Duitse burger op de fiets tegen. Die houdt onze gevluchte Belg tegen en levert hem uit aan de SS-man die al schietend de achtervolging had ingezet. Maar de SS-man heeft zijn wapen leeggeschoten op de Belgische vluchteling en staat daar plots weerloos tegenover onze Belg. Deze trapt de SS-man zo lelijk tegen zijn achterwerk dat hij over de grond rolt. De Belg wil ontsnappen, maar de SS-man grijpt hem bij de benen. De SS-man hakt verwoed met zijn revolver op het hoofd van de Belg. Deze rukt zich weer los en zet het op een lopen. De toegesnelde SS'ers schieten de Belg dan toch neer. Hij zakt neer en beweegt niet meer. Louis zou de SS'er die zijn landgenoot neerkogelde wel de keel kunnen overbijten.

Het is 21 april 1945. Gevangenen die willen vluchten, worden dus genadeloos afgeschoten. Telkens als er een vluchtpoging is, ontstaat er paniek, waarop weer andere gevangenen van die paniek gebruikmaken om een nieuwe vluchtpoging te wagen. Wanneer de groep door een bosrijke streek trekt, proberen enkele gevangenen in de bossen te verdwijnen. Sommigen slagen, anderen worden neergeschoten of gepakt en met een geweerkolf doodgeklopt. Ook Louis en zijn vrienden maken van de chaos gebruik om een vluchtpoging te ondernemen. Ze moeten een zieke kameraad achterlaten.

'Het bos was dichtbij en de verwarring was algemeen. Veel tijd hadden we niet. Koppig hield de zieke vol dat hij onze dood zou betekenen. "Redt U zelf," zegde hij, "terwijl ge de kans hebt, moet ge ze benutten." Een groepje Belgen die beweerden dat het te gevaarlijk was om te vluchten beloofden ons voor onze kameraad te zullen zorgen indien wij toch besloten waren een vluchtpoging te wagen. Daardoor gerustgesteld liepen we zo hard we konden naar het lokkende bos. We wisten niet of de schoten die weerklonken voor ons bestemd waren of voor andere vluchtelingen. We liepen zo ver we konden het bos in om ons dan buiten adem te laten neervallen.

In het bos waren we betrekkelijk veilig. De bewakers konden ons daar niet volgen want dan zouden zij de colonne onbewaakt moeten achterlaten.

Hijgend lagen we alle vier op het naar hars en humus ruikende bed van dennennaalden. Ons hart bonkte zo geweldig dat we vreesden dat het op grote afstand kon gehoord worden. Het was alsof iemand op de trommelvliezen van onze oren roffelde. We beseften niet eens dat de slaap bezit nam van onze uitgemergelde en uitgeputte lichamen.

Hoelang we daar gelegen hadden weet ik niet. Wakend dwong het steeds actieve onderbewustzijn mij terug wakker te worden. Angstig opende ik de ogen. De reden van dat beklemmend gevoel was mij echter onbekend. Ik bemerkte dat de lucht overtrokken was. Donkere regenachtige wolken zaten tegen elkaar aan te duwen alsof zij er genoegen in schepten elkaar de grilligste vormen te doen aannemen. Lang kon ik ze echter niet gadeslaan daar de opening tussen de kruinen van de bomen niet al te groot was. Onophoudend kwamen er andere wolkengevaarten aandrijven. Er kwam zeker regen.

Plots ontdekte ik de reden van die beklemmende onrust: Honden!...

Hun woedend geblaf drong tot me door. Soldaten met honden doorzochten het bos en vermoordden al wat zij vonden. Het gehuil van de honden zwol, telkens wanneer het menselijk wild ontdekt werd. Een weinig later werd er geschoten. Niemand was nog veilig. Waar de gevluchten ook verstopt zaten, de honden wisten ze telkens te vinden. In de bomen, in de greppels, overal. Onverbiddelijk sloeg de dood toe. Snel maakte ik mijn makkers wakker. Toen zij het gehuil van de *honden hoorden, beseften zij meteen wat er gaande was. Zo snel als we konden zetten we het opnieuw op een lopen. Aan de bosrand hielden we halt om te beraadslagen. Zouden we trachten door het open veld te ontkomen of bleven we in het bos? Toen ik voorstelde door het veld te vluchten en er aan toe voegde dat ik nog peper op zak had die ik vroeger in het kamp gespaard had om bij een eventuele vlucht te gebruiken, waren Frans en Felix voor het plan te vinden. Lucien kreeg echter een zenuwcrisis en wilde in een boom kruipen. We oversloegen en overtrapten hem zolang tot hij geen weerstand meer bood. Dan sleepten wij hem mee door 't veld in de richting van een alleenstaande schuur. Terwijl mijn twee makkers de andere meesleurden, schudde ik peper in het door ons nagelaten spoor. Het moest echter snel gebeuren want we liepen gevaar dat onze achtervolgers ons zouden bemerken. Juist op tijd bereikten we ons doel. De poort van de schuur was echter gesloten met een hangslot.*

Tegen de zijmuur stond een grote rabarberplant. We legden ons plat op onze buik achter de plant zodat deze ons aan het zicht onttrok van hen die uit het bos komend ons spoor zouden willen volgen. Bevreesd wachtten we op het verloop der gebeurtenissen. Zouden ze ons hier kunnen vinden? Zouden de honden reageren op de peper? Zouden de achtervolgers onraad ruiken? Allemaal vragen die mij door het hoofd spookten.'

Vol angst zien ze een Duitse boer in de richting van de schuur lopen. Louis en zijn vrienden besluiten hem te vermoorden als hij hen wil verraden. Louis kreeg in het kamp nog een pakje van thuis waarin een mes verstopt was. Dat mes zal nu goed van pas komen. De burger ontdekt hen, maar wijst verbazend met zijn vinger naar zijn mond om hen te doen zwijgen. Hij geeft aan dat ze moeten blijven liggen en gaat vervolgens richting de SS-mannen en hun blaffende honden in het bos. Het begint plots hevig te regenen en Louis en zijn vrienden wringen het hangslot van de poort van de schuur open en zoeken beschutting. In de schuur vinden ze graan en aardappelen. Louis vindt onder een ton een zak graan. Hij verstopt de zak graan onder een berg aardappelen en kruipt zelf onder de ton in de hoop dat als iemand hen in de schuur vindt, hij niet wordt gepakt.

Plots vliegt de deur van de schuur open en ziet Louis een Duitse soldaat staan, met een pistool in de hand. Achter hem volgt de boer die hen had opgemerkt. Hij had hen dus toch verraden. *'Had ik hem toch maar van kant gemaakt'*, jammert Louis.

Zijn gevatte kameraden steken de handen in de lucht en geven zich over. Louis komt uit zijn schuilplaats en geeft zich ook over. Ze zijn de wanhoop nabij en vrezen opnieuw naar de colonne te worden gebracht. Het incident kent echter een verrassende afloop. Door een slimme list van Louis.

'De soldaat dreef ons voor zich uit. We trokken een tweede maal voorbij de plaats waar we gaan lopen waren. Ik trachtte onze bewaker te vermurwen door hem wijs te maken dat de Belgische soldaten al de inwoners van het dorp zouden uitroeien en dat zij al de huizen zouden afbranden indien ze onze lijken zouden vinden. Waarschijnlijk had onze bewaker familie of goede bekenden in dat dorp want hij luisterde naar mijn sinistere voorspellingen. Hij liet ons zelfs vrij en raadde ons aan zo snel mogelijk terug in de reeds gezuiverde bossen te verdwijnen. We omhelsden hem uitbundig. Lucien dreef het zelfs zo ver dat hij hem een sigaret vroeg. De Duitser gaf ons al zijn tabak en zijn sigaretten-blaadjes alsmede een doosje lucifers. Daarop vroegen we hem zijn naam en adres. Als hij na de oorlog last mocht krijgen, zouden wij er voor zorgen dat er voor hem ten beste gesproken werd. Hij durfde echter niet. De vrees zat er te diep in. Toen we in het bos verdwenen, wuifde hij ons na.'

In het bos vinden ze overal lijken van gevangenen die op beestachtige wijze waren omgebracht. Verschillende lichamen zijn door de honden van de SS verscheurd. De meeste slachtoffers zijn Russen. De Duitse boer die Louis en zijn vrienden had ontdekt, hen aanvankelijk met rust had gelaten, maar hen dan toch ging verraden, deed volgens Louis hetzelfde met nog elf andere ontsnapten. Hij waarschuwde de Duitse soldaten, waarna zij alle gevangenen neerschoten, op een na die kon ontsnappen. Onze vrienden ontsprongen deze huiveringwekkende dodendans.

OPNIEUW OPGEPAKT

Maar wat nu? Ze hadden geen eten meer en de kans was groot dat ze weer op Duitse burgers stootten, vooral van de 'Volkssturm', de Duitse volksmilitie die aan het einde van de oorlog door Adolf Hitler was opgericht om mannen tussen zestien en zestig jaar die nog niet in militaire dienst waren, in te zetten tegen de vijand. Louis en zijn makkers besluiten om op rooftocht te gaan. Ze wachten tot het donker is en vallen een alleenstaand huis binnen. Ze brengen eerst een bezoek aan het kippenhok van het huis. Enkele kippen worden gevangen en de nek omgedraaid. Louis geraakt langs een keldergat in de woning. Hij stapt naar boven en doet stil de voordeur open om zijn vrienden binnen te laten. In de keuken hangt een muffe geur van gebakken uien. Louis ontdekt een kast met brood. In het duister gaat hij op de tast verder op verkenning.

'Stapje voor stapje verliet ik weer de plaats. Mijn vooruitschuivende voet voelde een hindernis. Het scheen een sofa te zijn. Ik voelde met mijn hand hoe ik er moest om heen komen. Meteen voelde ik de warmte van een zachtaanvoelend baardeloos gezicht! Met een kreet die door merg en been sneed vloog de persoon in kwestie recht en riep angstig: "Wie is daar?" Aan de stem hoorde ik dat het een vrouw was. Even aarzelde ik, maar de gedachte dat er misschien nog meer bewoners gealarmeerd waren deed me mijn bezinning verliezen. Stoelen omverwerpend trachtte ik zoekend de uitgang te vinden. De vrouw begon toen zonder ophouden hevig te gillen. Eindelijk vond ik de deur en rende zo veel als ik geven kon het huis uit in de richting van het bescherming biedende bos. Mijn kameraden volgden me op de voet. De loshangende vleugels van de gedode kippen sloegen telkens tegen de benen van hun moordenaars die echter deze "spoorslag" niet nodig hadden om tot spoed aangezet te worden.'

De kippen worden gepluimd en gebraden, het brood verdeeld. Het smaakt goddelijk. Uitgeput vallen ze in slaap.

Dat roven bevalt hun toch niet zo en het viertal beslist ietwat naïef om zich toch te vertonen. Aan de eerste de beste burger die ze tegenkomen,

De Volkssturm was een groot gevaar voor ontsnapte krijgsgevangenen. Ook Louis loopt deze volksmilitie van Duitse jongelingen en oudere mannen tegen het lijf. (Ullstein Bild)

vraagt Louis of hij de burgemeester kan spreken. De burger brengt hen tot bij de burgemeester en Louis maakt deze wijs dat de kampoverste hen heeft vrijgelaten en ze nu overal eten moeten vragen. Ze krijgen van de dochters van de burgemeester warme melk en een boterham. Ook de volgende zet van Louis lukt. Hij vraagt een Duitser om hen tijdens hun tocht te beschermen. Een gewapende Duitser loopt met hen verder mee. Onderweg vinden ze hun zieke makker die ze hadden moeten achterlaten, dood, met een kogel in de kop. Louis is razend en moet zich inhouden om zijn woede niet op de Duitser te koelen.

In een volgend dorp krijgen ze een bewaker van de Volkssturm mee, gewapend met een tweeloops jachtgeweer. Louis ziet dat de Duitsers hun boeltje aan het pakken zijn en op de vlucht willen voor de naderende vijandige Russische troepen. Een van de Duitsers vraagt Louis wat nu het beste zou zijn: vluchten of blijven? Zonder nadenken geeft Louis hem de raad om de vlucht te nemen, want de vijand vermoordt alles wat hij in handen krijgt, vrouwen, baby's, kinderen en oude mannen.

Het is 22 april 1945. In Zahna loopt het fout. Een slimme Volkssturm belt naar een hogere overheid en krijgt daar de raad om Louis en zijn kompanen meteen neer te schieten. Een Duitser die nog 'Vorarbeiter' in hun kamp was geweest, zit opgesloten in de kelder van het gemeentehuis. Hij wordt opgehaald en samen met Louis en zijn vrienden door de Volkssturm, gewapend met zijn jachtgeweer, buiten de stad gebracht, naar wachtmeester Koch. Wanneer ze aan zijn woning aankomen, is de wachtmeester niet thuis. Zijn vrouw, *'een scherp venijnig wijf'*, begint hen uit te schelden. Louis beraamt een overval maar vertrouwt zijn enige wapen, het zakmes van thuis, niet. *'Ik verwenste mijn ouders die in dat pak zo'n vulgair mes opgezonden hadden in plaats van mijn scoutsmes waarnaar ik hen nochtans gevraagd had.'*

'Oh!, indien ik nu dat scoutsmes gehad had! Met alle gemak zou ik het onze bewaker in de keel of tussen de ribben geworpen hebben. Als in een droom zag ik weer die prijskamp waaraan ik als scout meegedaan had. Een wedstrijd in het messen werpen! De eerste prijs was toen voor mij geweest. Hetgeen ik toen moeten doen had, was veel moeilijker

*geweest dan bijvoorbeeld dat zelfde mes in de buik van onze bewaker te
werpen. Het onnozele prutsmes dat ik nu bij mij had, leende zich
echter niet tot dergelijke worp.'*

Als het bijna donker is, komt wachtmeester Koch op zijn fiets aangereden.
De Volkssturm vertrekt en Koch vraagt aan zijn vrouw of 'de anderen' er
al zijn. Daarmee bedoelt hij 'het executiepeloton'. Zijn vrouw wijst een
plaats aan waar ze naartoe gebracht moeten worden. Aan de brug van een
spoorweg houdt Koch halt. Louis ziet het einde van zijn leven in zicht
komen.

*'Zouden de zwijgzame bossen getuige zijn van onze doodstrijd? Was
het dan toch zo ver gekomen? Hetgeen we steeds gevreesd hadden zou
dan toch gebeuren? Zouden onze lijken onherkend en bebloed in een
vreemd land ergens op een onbekende plaats onder de aarde bedolven
worden? Had het lot het dan zo beschikt dat wij met ons vijven in het
zelfde graf zouden terecht komen? Wie weet of ooit iemand zou
weten waar we begraven lagen!'*

Louis kan zich bij de dood niet neerleggen en beraamt een ontsnappingsplan. De Duitse gevangene van hun gezelschap zou gaan lopen. Koch zou
zijn wapen dan moeten leegschieten, en Louis zou hem overmeesteren.
Het plan lukt en Louis wil zijn mes in de buik van Koch planten, maar
deze jammert zodanig, over zijn vrouw en zijn kind, dat Louis zich
bedenkt. Koch geeft toe dat er in het bos een vuurpeloton klaarstaat en
dus is het hoog tijd om de benen te nemen. Koch belooft hen naar het
niemandsland te brengen, daar waar noch Duitsers, noch Amerikanen,
noch Russen aanwezig zijn.

Alsof de duivel ermee gemoeid is, stoten ze tijdens hun vlucht opnieuw
op een troep van de Volkssturm en worden in een steengroeve opgesloten.
Het is er bitter koud. Op een tafel liggen enkele Duitse kranten die de
stelselmatige terugtocht van de Duitse troepen melden. Maar zodra de
vijand goed en wel op Duitse bodem is, zal hij daar volledig vernield worden. Louis denkt dat ze in een hoofdkwartier van de Volkssturm zijn opgesloten. Ze proberen te slapen.

Verschrikt door het geratel van machinegeweren springt Louis recht. Er scheren vliegtuigen over de steengroeve, met een nijdig jankend geluid. Buiten klinkt het gekletter van met ijzer beslagen laarzen op de kasseien. De ronkende motoren van vrachtwagens worden plots stilgelegd. Louis beraamt weer een ontsnappingsplan, zo uit een gangsterfilm geplukt.

'Snel ritste ik een dagblad van de tafel, vouwde het open, en schoof het onder de deur naar buiten. Met mijn mes bracht ik gejaagd de grote sleutel, die langs buiten in het slot stak, in vertikale stand. Een lichte duw en we hoorden hem op de gazet vallen. We trokken deze laatste weer naar binnen. De sleutel lag er op! We staken hem langs de binnenkant in het slot, bliezen de kaars uit, draaiden het slot om en staken voorzichtig ons hoofd buiten maar trokken het schielijk weer in toen een regen kogels voor onze ogen over de straatstenen ketste. Huilend gierde een vliegtuig over de daken. We zagen iemand lopen en hoorden hem tegen een voor ons onzichtbare persoon schreeuwen dat deze ook in de abri (schuilkelder) moest komen. Toen kregen we de persoon op wie hij geroepen had in 't oog. Hij lag op zijn buik tegen de muur van het huis. In het bleke maanlicht zagen we hen beiden voorovergebogen in de richting van een abri hollen, zodat zij bij de volgende duik van het vliegtuig veilig waren.
Op straat stonden de twee verlaten vrachtwagens met hun neus in de richting van het front. Die wagens konden misschien onze redding bespoedigen, als de chauffeur de contactsleutel niet meegenomen had! Stil opende ik het portier van de achterste auto. Geen sleutel! Verdomd!... Zou ik nu nog moeten gaan zoeken welke draden ik moest verbinden om er zonder contactsleutel te kunnen uitmuizen?
In de voorste camion hadden we meer geluk! De sleutel stak in het contactslot! Het kon niet beter gaan! We behoefden zelfs niet eens te manoeuvreren om weg te geraken. Er stond zelfs een geladen geweer in de stuurhut! In de bak van de camion, tegen de schutsels, stonden ook nog geweren; allemaal van de soldaten die in de abri zaten. Als het nodig bleek, konden we ons verdedigen. We doken snel onder de wagen toen een vliegtuig ratelend opnieuw de wagens onder vuur nam. We bleven gelukkig ongedeerd.

Twee van ons sprongen van achter op de camion. De derde kroop bij mij in de stuurhut. De motor sloeg aan en met een ruk stoven we weg. Ik gaf zo veel gas als ik kon. De versnellingen kraakten zo erg dat ik vreesde alles aan stukken getrokken te hebben. We zagen in een flits enkele soldaten verwonderd uit de abri komen en hoorden hen iets roepen. In razende vaart reed ik er op af! Ze sprongen vloekend en tierend uit de weg maar bemerkten toch nog mijn twee kameraden die zich krampachtig aan de houten latten van de schutsels achter op de wagen vasthielden. Dit laatste was voldoende om de soldaten te doen begrijpen wat er gaande was!'

De Duitsers zetten in een andere vrachtwagen de achtervolging in. Louis beveelt zijn makkers in de laadbak gebruik te maken van de wapens en op hun achtervolgers te schieten. Maar die komen dichterbij. En opnieuw haalt Louis hen uit de penarie. Hij laat zijn vrachtwagen plots stoppen, pakt een geweer en mikt op de voorruit van de vrachtwagen van zijn achtervolgers. De vrachtwagen schiet in een wilde vaart van de weg en belandt tegen een boom. Hij heeft zeker de bestuurder geraakt. Louis springt weer in zijn vrachtwagen en scheurt weg.

Maar het houdt niet op. Hun Duitse vrachtwagen wordt door een Russisch jachtvliegtuig aangevallen en geraakt. Ze kunnen net uit de vrachtwagen springen en gaan lopen, terwijl hun vervoermiddel in lichterlaaie staat.

Ze bereiken, dit keer zonder ongelukken, een verlaten fabriek.

IV

BIJ DE RUSSEN

'Onze bevrijders schenen er dezelfde methode op na te houden
als onze vroegere onderdrukkers.'

DE WRAAK

Veertien dagen nadat hij uit de dodenmars is ontsnapt, bevindt Louis zich half april 1945 in Prülitz, een dorp in de buurt van Wittenberg. Daar zal hij door de Russen op 23 april worden bevrijd. De oorlog loopt dan op zijn einde. Op 30 april 1945 zal Adolf Hitler in zijn bunker in Berlijn zelfmoord plegen en op 9 mei 1945 geeft het Duitse opperbevel zich in Berlijn over aan een delegatie van Russische generaals.

Louis is bevrijd, maar de oorlogsellende ligt nog lang niet achter hem. Hij maakt nu kennis met de wreedheden van de Russische soldaten, die al moordend en verkrachtend door het verwoeste en in puin liggende Duitsland trekken. De haat van de Sovjettroepen tegenover de Duitse bevolking is extreem en ongezien in de geschiedenis. Louis is een ooggetuige op de eerste rij.

In vergelijking met de menselijke verliezen aan de zijde van de geallieerden, is de tol aan Russische kant zeer hoog. Het totale aantal manschappen van de Amerikaanse strijdkrachten dat in de Tweede Wereldoorlog omkwamen bedroeg 405.399. Langs Russische zijde sneuvelden er 8,66 miljoen soldaten.

Alles begint bij de inval met de codenaam 'Barbarossa' van Hitler op 21 juni 1941 in de Sovjet-Unie. Hij lapt daarmee het niet-aanvalspact dat hij in augustus 1939 met Stalin sloot, aan zijn laars. Miljoenen Russen moeten in de zomer van 1941 voor de oprukkende Duitsers vluchten. Het Duitse leger met drie miljoen soldaten, met in zijn kielzog de moordende SS-commando's, trekt een spoor van dood en vernieling. Honderdduizenden Russische soldaten worden krijgsgevangen genomen. Ze kunnen als dwangarbeiders ingezet worden voor de Duitse oorlogsmachine. Tot Moskou geraakt de Duitse Wehrmacht evenwel niet. Stalin en zijn troepen houden vol en kunnen de Duitsers terugdringen. Maar wat ze in hun bevrijd gebied aantreffen, is hallucinant. Het Rode Leger stuit op onvoorstelbare gruweldaden die de woede en de wraak alleen maar erger maken. Dorp na dorp zien ze de moorden, de plunderingen en vernielingen die de Duitsers hebben begaan. Gevangengenomen partizanen uit het verzet, die vreselijk gemarteld en in het openbaar zijn opgehangen. Het Duitse leger gaat eind januari 1943 in Stalingrad in de vrieskou ten onder en geeft zich over. Deze wrede periode willen de Russen nu wreken. In tegenstelling tot de Amerikaanse, Britse en Canadese soldaten hebben de Russische mannen en vrouwen van het Rode Leger de Duitse bezetting in hun eigen land aan den lijve ondervonden. Daarop steunt hun vreselijke wraak.

In de zomer van 1944 lanceert het Rode Leger een gigantisch offensief tegen de Duitse strijdmacht langs het Duits-Russische front. Tijdens operatie Bagration, vernoemd naar een generaal die nog tegen Napoleon had gevochten, wordt het Duitse leger snel teruggedrongen. In januari 1945 bereiken de Sovjetsoldaten de Duitse grens. De angstige Duitse bevolking wordt op grote schaal onmenselijk wreed behandeld. Met een vloedgolf van verkrachtingen, geweld, plunderingen, vernielingen en moord. En dit onder het wegkijkende oog van de Russische bevelvoerders. Zij sporen hun soldaten zelfs aan zich gewelddadig te gedragen. Dit geweld wordt geïnstitutionaliseerd aan de legertop in de figuur van de beruchte Sovjetmaarschalk Georgi Zjoekov. Hij geeft zijn mannen uitdrukkelijk de opdracht om de Duitsers zonder mededogen te verpletteren: 'We herinneren ons onze broeders en zusters, onze moeders en vaders, onze vrouwen en kinderen die door de Duitsers zijn doodgemarteld. Wij zullen hen wreken.'

Vanuit het westen rukken de Amerikanen steeds verder Duitsland in. Het Rode Leger komt uit het oosten en verovert Berlijn. Op 15 april 1945 staan de Amerikanen aan de rivier de Mulde, een zijrivier van de Elbe, ten zuiden van Dessau en veroveren binnen een week Halle en Leipzig, de streek waar Louis zich dan bevindt. In Maagdenburg, even noordwaarts de Elbe op, bouwen de Amerikanen een brug en steken de rivier over. In de stad Torgau, ten noordoosten van Leipzig aan de Elbe, schudden op 25 april 1945 Amerikaanse en Russische soldaten elkaar voor het eerst de hand.

VUUR MAKEN

Het is ijskoud in de fabriek. Louis heeft geen lucifers meer om een vuurtje te maken. Dan maar zijn scoutstechnieken gebruiken. In een plankje snijdt hij een V-vormige inkeping en in de punt van de V maakt hij een cirkelvormige uitholling. Daarna zoekt hij een droge lat. Hij vindt een borstelsteel en maakt er aan het uiteinde een botte punt aan. Die past juist in de uitholling. Aan een buigbare plank bevestigt hij een sterke koord en hij heeft een boog. Het vuur maken kan beginnen.

Na enkele pogingen lukt het. Het hout begint door de wrijving van de steel tegen het plankje, aangedreven door de koord van de boog, te gloeien. Even later schuiven ze de suikerbieten die ze onderweg opgeraapt hadden, in het vuur. De geur van verbrande suiker dringt hun in de neus.

Plots begint het gebouw te daveren. Rijdt er een tank door het dorp? Als dit Duitsers zijn, is het met Louis en zijn vrienden gedaan. Granaten slaan in, machinegeweren ratelen. Tussendoor, kort en droog, explosies van een kanon van een tank. Dan wordt het stil. Als het licht wordt, gaan ze voorzichtig naar buiten op verkenning. Er hangt een dichte mist. Als ze iemand zien, vluchten ze terug naar hun schuilplaats. Plots horen ze een zacht geluid in de gang. Het zijn gedempte stappen. De deur wordt met de loop van een geweer opengeduwd. Louis staat met zijn mes aanvalsklaar achter de deur. Als dit dan toch het einde is, kunnen we ons evengoed verweren, eerder dan ons zomaar als lammeren te laten afslachten, denkt hij. Als plots de donkere gestalte in de deur verschijnt, springen onze vrienden gelijktijdig op hun belager af. Als Louis hem met beide handen bij de borst grijpt om hem tegen de grond te duwen, voelt hij aan de volle mollige borsten dat ze met een vrouw te doen hebben. De verschrikte vrouw klautert recht en zegt dat ze hun eten wou brengen. Haar man had hen de fabriek in zien vluchten. Er zijn geen Duitse soldaten meer in het dorp. En de Russen zijn nog niet gearriveerd, vertelt de vrouw. Ze zijn nu echt in niemandsland.

Louis twijfelt aan alles en vraagt aan een van zijn vrienden om buiten te gaan zien of het verhaal van de vrouw wel klopt. Het dorp is verlaten zoals de vrouw vertelde. Buiten is er geen levend wezen te bespeuren. Ze gaan met de vrouw mee naar haar huis. Haar man bekijkt de haveloze ontsnapte gevangenen met verwondering. De man draagt het uniform van een spoorwegmachinist. Ze krijgen eten en beloven de man en de vrouw, als de Russen komen, een goed woordje voor hen te doen. Ook de buurvrouw komt langs en brengt hun eten en sigaretten. Louis maakt de Duitsers wijs dat zijn vader een bekende is bij de Russen, een vooraanstaand figuur, een volbloed communist. Resultaat: de Duitsers doen alles wat hij vraagt. Hij krabbelt op een briefje wat Russisch en geeft het aan de Duitsers met de boodschap dat als ze door de Russen worden lastiggevallen, ze dit briefje moeten tonen. De Duitsers verstaan niet wat er op het briefje staat, de Russen zullen het ook niet verstaan, want het betekent helemaal niets.

Hun komst verspreidt zich als een lopend vuurtje en er komen nog meer vrouwen eten brengen. Louis moet nog enkele briefjes schrijven. Hij heeft zijn ogen niet in zijn zak en beschrijft gedetailleerd de aanwezige Duitse vrouwen.

'De ouderdom van de bewoonster van het huis schatte ik op vijfendertig jaar. Ze mocht gezien worden. Haar kapsel was goed verzorgd. De kleren die haar man uit vreemde landen meegebracht had, stonden haar goed. Haar buurvrouw scheen van ongeveer dezelfde ouderdom te zijn. Zij was eveneens goed gekleed. Alleen was ze wat molliger en haar borsten waren iets te zwaar. Haar gelaat was echter fijner besneden dan dat van haar buurvrouw. De vetkussens op haar heupen verrieden dat mevrouw van het rantsoen waarop ze gestaan had niet geleden had. Het was opvallend hoe zo'n dikke borsten zo stijf konden uitpuilen. Deze van de bewoonster van het huis waren kleiner en hingen meer af. Niettegenstaande dat vond ik dat zij de schoonste van de twee vrouwen was. Zij was meer vrouw en niet zo opvallend.'

Gebroken telefoonpalen, verbrande en zwartgeblakerde boomstammen, vernielde huizen en bomkraters. Louis dwaalt door een stukgeschoten

Duitsland, getekend door het oorlogsgeweld. Langs de weg liggen roerloos zijn dode kampgenoten, in hun bekende gestreepte uniformen. Het akelige bewijs dat hun colonne hier is gepasseerd. Velen met een bebloed en verminkt achterhoofd door het nekschot.

'Dauwdruppels hadden zich overal op de lichamen vastgezet. Kleine kevers vraten aan het gestolde bloed. De ogen van de meeste lijken waren gesloten. Ware het geronnen bloed er niet geweest, dan zou men durven beweren hebben dat de ongelukkigen kalm en vredig sliepen, alhoewel dan, wel is waar, in een iet of wat verwrongen en onnatuurlijke houding. Degenen waarvan de ogen ons glazig en nietsziend aanstaarden boden een akelig schouwspel. Hier en daar waren er waarvan de verwrongen gelaatsuitdrukkingen aantoonden dat het toegebrachte nekschot niet onmiddellijk de dood voor gevolg had gehad. Er waren er bij die in hun doodsstrijd het gras uit de grond gerukt hadden. De ingeslagen schedel, bij sommigen van hen, wees er op dat ze niet eens het genadeschot ontvangen hadden; ze waren na het toedienen van het nekschot, eenvoudig verder afgemaakt door een met ijzer beslagen kolf van een oorlogsgeweer. Arme stakkerds, wie weet hoe lang hadden zij het in de verschillende kampen reeds uitgehouden om dan enige dagen, soms enkele uren slechts, voor de bevrijding zo gewelddadig aan hun einde te komen.'

BEVRIJD

Het is 23 april 1945. De dag van de vrijheid. Daar kijkt Louis al zo lang naar uit. En plots staat de bevrijder voor hem. In de verte ziet hij iemand op een fiets aankomen. Eerst denkt hij dat het een Duitser is en hij vlucht nog een huis in. Maar van achter het gordijn ziet hij dat er geen twijfel meer mogelijk is: het is een Rus! Louis en zijn vrienden springen naar buiten en rennen naar hem toe. De Rus stapt van zijn fiets en ze beginnen hem uitgebreid te kussen. Zijn fiets slaat tegen de grond. Ze sleuren hem mee in een wilde rondedans en springen op en neer alsof het asfalt onder hun voeten brandt. De Rus lacht en deelt hun blijdschap. Hij ziet aan hun uniformen en uitgemergelde lichamen met wie hij te doen heeft. Als Louis hem vertelt wat ze allemaal hebben meegemaakt, vloekt hij als een ketter.

Er komen nog meer Russen op hun fiets aan. Opnieuw staan Louis en zijn makkers in het middelpunt van de belangstelling.

'Enkele burgers durfden het aan zich eveneens te vertonen. Eén van de Russen loste een salvo in de lucht en de straat was plots leeg! Ze vroegen naar onze nationaliteit. Toen wij hen uitlegden dat wij Belgen waren, stonden zij stomverbaasd dat de bewoners van zo'n klein landje als België zo groot konden worden. Ze konden het niet begrijpen. België, dat op de kaart slechts een speldeprik groot was. Dat die bewoners van dat kleine landje groter waren van gestalte dan de meesten onder hen, deed hen ongelooflijk het hoofd schudden. Het merendeel van hen wist trouwens niet eens dat België bestond maar zij lieten hun onkunde niet blijken.

De spleetogen en de lange hangende snor, alsmede de platneuzige gezichten deden me veronderstellen Mongolen voor mij te hebben; mannen uit de eerste gevechtslinies. Waarschijnlijk de klasse van volk die het regime het liefst kwijt was!'

Stilaan komen de Duitse inwoners naar buiten. Er gebeurt niets. Tot Lucien, de vriend van Louis, een onvergeeflijke fout maakt. Om te tonen welke wreedheden die Duitsers hem in de kampen hadden aangedaan, trekt hij zijn hemd omhoog en laat hij zijn uitgemergelde en mishandelde lichaam zien. Hij weegt nog achtendertig kilogram. Hij laat ook zijn broek zakken en de Russen zien zijn benen als lucifers. De Russen beginnen te vloeken en te tieren. Ze slaan met hun geweerkolven op de Duitsers, die in hun huizen vluchten.

De Russen werpen zich op de Duitse vrouwen. Zij proberen nog het briefje van Louis te tonen, maar dat helpt niets. Louis voelt zich schuldig. Plots wordt hij overmand door een intense haat tegen zijn bevrijders. De hel breekt los. Vrouwen proberen te vluchten. Een vrouw weert zich hevig en bijt verwoed in de handen van haar belagers, die haar ruw en vol goesting de kleren van het lijf scheuren. Louis beschrijft het inferno zo:

Duitse vrouwen zijn voor de Russen niet veilig. De angstige Duitse bevolking wordt op grote schaal onmenselijk wreed behandeld, en dit onder het wegkijkende oog van de Russische bevelvoerders. (Ullstein Bild)

'Zij gilde luid en angstig toen sterke handen haar tegen de grond wierpen. Eén man alleen kon haar broekje niet uittrekken omwille van de trappelende benen. Toen ook dat kledingstuk met een wijde boog fladderend in een hoek bij dat van anderen terecht kwam, drukten pezige handen haar tegen de vloer. Zij gilde niet meer. Alleen schenen haar ogen uit hun kassen te zullen springen. Het baatte niet dat zij haar benen, in een uiterste krachtinspanning, tegen elkaar drukte want mannen wier driften toen ten top gevoerd waren, trokken deze brutaal en hardhandig van elkaar. Gelijk een vrouwelijke Christus die door zijn beulen op het kruis genageld wordt, lag zij naakt en hijgend onder het bronstig lichaam van een van haar belagers terwijl de anderen haar vasthielden. Het op en neer gaand achterwerk van de op haar liggende Rus verduidelijkte wat er gebeurde.

Ze lagen haast allen op de grond; verspreid over alle plaatsen. Overal dezelfde driftige op en neer deinende zitvlakken. Tot zelfs op de tafel hadden ze hun slachtoffers gelegd. Het gehuil van de blondine, die met haar gezicht tegen het tafelblad aangedrukt lag, werd telkens wanneer dat driftige lichaam tegen haar aanstootte, onderbroken en vertoonde op die wijze veel gelijkenis met het geluid dat voortgebracht werd door iemand die een langgerekt gehuil liet horen en zich ondertussen telkens met het vlak van de hand op de geopende mond sloeg.

Een jonge vrouw, die gans naakt een buik vertoonde gelijk een opgeblazen ballon en waarvan de gezwollen borsten aantoonden dat het einde van haar zwangerschap nakend was, werd ruggelings over de zijdelingse leuning van een divan gelegd omdat haar vooruitstekende buik technisch moeilijkheden berokkende. Haar bleek gelaat, waarvan de ogen blauw omrand waren, deed me veronderstellen dat de vrucht die zij in haar droeg haar laatste krachten verbruikt had en dat zij leed aan bloedarmoede.'

Als het spektakel afgelopen is, verdwijnen de Russen. Ze werden plots opgeschrikt door een Duitse tank die door het dorp reed. Louis helpt de gehavende Duitse vrouwen aankleden. Het oordeel van Louis over zijn Russische bevrijders is heel scherp:

'Ik heb medelijden met die vrouwen. Het feit dat ze Duitsers zijn, kan de handelingen van die Russen niet verantwoorden. (...) In tijden van oorlog was het droevig als vrouw geboren te zijn en zich overgeleverd te zien aan de lusten van de binnenrukkende legers. Of die overweldigers nu Russen, Amerikanen, Fransen, Belgen of gelijk wie waren, het deed er niet toe. Ze waren allemaal dezelfde wellustelingen die hun begeerten op de onschuldige vrouwen van de overwonnenen botvierden. Die als overwinnaars hetzelfde deden wat zij als verslagenen zo laakbaar gesteld hadden. (...) Het was slechts in tijden van oorlog dat zulke gruwelijke tonelen zich ongestraft afspeelden. De vrouwen en jonge meisjes waren de onschuldige en weerloze slachtoffers.'*

Het is niet de enige en de laatste verkrachting die Louis moet meemaken. Duitsland is op het moment van de Russische inval een land van vrouwen, want hun mannen zitten in de Wehrmacht of zijn gesneuveld. De schattingen van de aantallen verkrachtingen zijn uiterst ruw, met verschillende honderdduizenden slachtoffers. Minstens twee miljoen Duitse vrouwen werden verkracht, vaak meerdere keren. De verkrachtingen gingen gepaard met publieke vernederingen, marteling en doodslag. Na de oorlog kwamen steeds meer getuigenissen van verkrachte Duitse vrouwen naar boven en werd het taboe over deze voor de Duitsers pijnlijke geschiedenis stilaan opgeheven. De meest aangrijpende getuigenis is het dagboek van de journaliste Marta Hillers (1911-2001), heruitgegeven in 2003 onder de titel *Een vrouw in Berlijn*, een internationale bestseller en knap verfilmd. Het boek heeft lang een anonieme auteur gekend tot in 2003 een Duitse krant de identiteit van de schrijfster onthulde. Hillers wou dat haar identiteit pas na haar dood bekendgemaakt zou worden. De journaliste was een bereisde vrouw. Ze had in Moskou gewerkt en aan de Parijse universiteit de Sorbonne gestudeerd. Ze sprak redelijk goed Russisch en dat stelde haar in staat om een beschermer onder de Russen te zoeken, 'een wolf om me de andere wolven van het lijf te houden'. Haar boek is beroemd geworden wegens de nuchterheid en de openheid waarmee ze de golf van verkrachtingen beschreef die met de opmars van het Rode Leger gepaard ging. Zij maakte dagenlang een regime van extreem seksueel geweld mee. De liefde lag vertrapt op de grond.

Onze vier Belgen staan vaak hulpeloos op deze brute verkrachtingen te kijken, want zich tegen de losgeslagen Russen verzetten zou zelfmoord zijn. Steeds is het op eieren lopen en die Russen tot kalmte proberen te brengen. Soms lukt het hun, maar meestal worden de Duitse vrouwen overgeleverd aan geweld en verkrachting. Louis wordt er droevig van. De machteloosheid weegt hem zwaar. Hij zit in een kwellende tweestrijd.

Want de Russen zijn goed voor Louis. Ze vertroetelen hem als een kind. Zo wordt hij verplicht om zijn gestreepte kamppak uit te trekken en krijgt hij propere kleren en stevige Russische soldatenschoenen. 'Plochoï vospominaniè', zeggen ze. Dat gestreepte pak roept alleen maar een 'slechte herinnering' op. Ook het eten van bieten is voorbij. Zo'n smeerlapperij eet je toch niet? De filosofie van de Russen is voor hem duidelijk: eigen je toe wat je wenst. Jij bent hier de baas! Je mag nemen wat, waar en wanneer je het wilt. Je hebt het recht om die Duitsers te bestelen na wat ze je allemaal hebben aangedaan. Dus uurwerken, sieraden, huisraad, kleren, schoenen en vooral veel eten en sterkedrank veranderen in Duitsland plotsklaps van eigenaar. Er wordt jacht gemaakt op rookwaren. Louis had sinds zijn arrestatie niet echt meer in alle rust kunnen roken. Bij die Russen is het roken opnieuw een feest geworden. De Russen hebben, naast sterkedrank, veel tabak, maar sigarettenblaadjes kennen ze blijkbaar niet.

'Aan een op wacht staande Rus vroegen we of hij geen tabak voor ons had opdat we een sigaret zouden kunnen draaien. Uit zijn broekzak diepte hij een handvol tabak tevoorschijn en gaf ons die. Broederlijk boden wij hem een gemaakte sigaret aan. Hij aanvaardde ze, deed er het fijne blaadje papier af, rolde de vrijgekomen tabak in een rechthoekig stukje papier dat hij behendig uit een dagblad scheurde, dat hij, tot dit doel bestemd, in zijn binnenzak meedroeg. Toen we zagen dat er op die manier te weinig tabak was, boden wij hem een tweede sigaret aan. Deze onderging dezelfde bewerking. Het fijne velletje papier werd meegevoerd door de wind. Met veel speeksel werd

het kokertje dagbladpapier toegeplakt en dan stak hij er de vlam aan.
Veel rook verspreidend vatte het papiertje vuur. Eer hij het uitgeblazen
had, was er reeds een groot deel van zijn afhangende snor lelijk
verschroeid. We durfden niet lachen toen hij daarenboven nog vol
overtuiging beweerde dat die dunne blaadjes van onze sigaretten vergif
bevatten, maar dat Russisch dagbladpapier veel beter was! Misschien
had hij wel gelijk. Ik meende me te herinneren uit de lessen van
scheikunde dat er lood of iets dergelijks in sigarettenblaadjes zat om de
verbranding tegen te gaan. Om een gelijkaardige reden was de kleur
ook zo zuiver wit.'

Duitsers die het op de Russen gemunt hebben, lopen groot gevaar.
Bezitters van wapens worden meteen geëxecuteerd. Ook wie een Rus
ombrengt, wacht de dood.

'Plots kwam er een Rus (in de keuken) binnengelopen. Hij sprak te
snel zodat ik niet alles kon verstaan. In een oogwenk was de plaats
leeg. Alleen de kok bleef achter. Hij legde ons uit dat een krankzinnig
geworden Duitser een Rus doodgeschoten had met een jachtgeweer. Zij
waren vertrokken om de schuldige te gaan straffen, en voor alle
veiligheid gijzelaars te nemen. (...) Inmiddels hadden enkele Russen
de krankzinnige Duitser zijn armen op zijn rug gebonden en sleurden
hem naar de dichtstbijzijnde boom. Zijn vrouw en kinderen liepen
wenend achter hem aan maar werden door de Russen met kolfslagen
verdreven. Aan een touw werd een primitieve lus gemaakt die over de
onderste tak geworpen werd. De strop werd rond de hals van de
ongelukkige gelegd en toen werd de sukkelaar de hoogte ingetrokken.
Het touw werd rond de boomstam vastgemaakt zodat de armzalige
bengelend bleef hangen. De ogen puilden uit zijn kop en zijn tong
verscheen uit zijn geopende mond. Op die manier gehangen te worden
was een vreselijke dood. Hij spartelde gelijk een konijn dat men
ophangt. Toen de vrouw haar man ter hulp wilde snellen, kreeg zij een
zo gevoelige slag van de kolf van een geweer dat zij als een blok lood
tegen de aarde sloeg. Haar wenende kinderen poogden haar zonder
resultaat recht te trekken. Vol afkeer wendden we ons af en keerden

huiswaarts. Onze bevrijders schenen er dezelfde methode op na te
houden als onze vroegere onderdrukkers.'

BLIJVEN VECHTEN

In niemandsland is het gevaarlijk leven. Er zijn geen wetten en regels,
alles is toegelaten. Je moet opletten voor de gewelddadige Russen, vooral
als ze te veel hebben gedronken. En tussen de Duitsers bevinden zich nog
veel nazi's die hun strijd voortzetten. Zij blijven voor Louis een grote
bedreiging. Hij komt in onwaarschijnlijke situaties terecht. In het kamp
moest hij voor zijn leven vechten om te overleven. Hier is het vaak niet
anders.

Op een dag doorsnuffelt hij met zijn vrienden een klein huis in een
nieuwe wijk. Het is een mooi huis, dus gaat Louis ervan uit dat de bewoners nazi's zijn. Hij botst bij het doorzoeken van de woning op de bewoonster, een Duitse blonde vrouw. Vooral haar moderne slaapkamer bevalt
Louis wel. Louis kijkt er voor het eerst sinds lange tijd in een spiegel en
schrikt als hij zichzelf ziet.

'De moderne slaapkamer beviel me. Ik overtuigde me van de zachtheid
van een soort Epeda- of Beka-matras. Het verschil met onze luizige
houtwolmatrassen was treffend. Opvallend was het feit dat er zo weinig
dekens in onze streek te vinden waren. Bijna uitsluitend eiderdons! In
de spiegel van de kleerkast bestudeerde ik mijn spiegelbeeld en bemerkte
dat mijn "hanekam" (gevangenen werden in de concentratiekampen
op zo'n manier kaalgeschoren dat er in dwarsrichting in het
midden van het hoofd een strook haar overbleef die bij elke
scheerbeurt onaangeroerd bleef en dus bijgroeide. Bij een
mogelijke vluchtpoging konden zij aan deze haarsnit meteen
herkend worden als gevangenen. In het Duits ook 'Irokesenschnitt'
of 'Strasse' genoemd, nvda) *bijna uitgegroeid was en dat ik me zou*
moeten scheren. Ik bemerkte dat er weer een lel neusvocht aan mijn
neus hing. Met duim en wijsvinger kneep ik mijn neus en met een
geroutineerd gebaar laveerde ik het slijmerige product door het open

raam! De met pels gevoerde vest deed me breder uitzien dan ik in
werkelijkheid was. Ik trok een grimas tegen die gedaante in de spiegel en
bemerkte dat ik mijn tanden wel eens mocht poetsen.

Ruggelings wierp ik me op het bed en voelde hoe goed het deed eens een
behoorlijke matras onder zich te voelen; één die op en neer deinde naar-
gelang het lichaam dat er op lag omhoog wipte en zwaar in de wol
terugviel.

Ik legde mijn geschoeide voeten op de achterste sponde. De zware
Russische schoenen waren alleszins beter dan dat houten gelul dat we in
de kampen gedragen hadden.'

Plots hoort Louis buiten het geluid van brekend vaatwerk en hij stormt
naar buiten. Daar ziet hij een van zijn kameraden op de grond zitten en
zijn hoofd pijnlijk betasten. Naast hem liggen een pistool en een gebroken vaas. De blonde vrouw wordt door zijn twee andere kameraden in
bedwang gehouden. Wat was er gebeurd? Zijn vrienden ontdekten in de
garage van het huis een motor waarvan het voorste wiel ontbrak, dat wellicht ergens verstopt was om de motor niet te kunnen stelen. Bij het
zoeken naar het wiel vonden ze een pistool in een doek gewikkeld. Om
de vrouw onder druk te zetten de vindplaats van het wiel te verklappen,
maakten ze haar duidelijk dat ze de Russen op de hoogte zouden brengen van de aanwezigheid van wapens in haar woning. Stijf van de angst
sloeg de vrouw de vriend van Louis dan maar met een vaas op het hoofd.
Louis kan er niet mee lachen. De vrouw begint te wenen en zegt dat ze
met haar mogen doen wat ze willen. De zaak escaleert.

'Omdat ik vermoedde dat ze niet meer wilde beleven wat de Russen
haar reeds aangedaan hadden, en ik bovendien wist dat zij vreesde te
zullen gedood worden wegens dat pistool dat bij haar was ontdekt,
schreeuwde ik tegen mijn kameraden dat zij zegde dat we haar
mochten gebruiken, en dat we dat dan ook zouden doen. Op het
ogenblik dat we haar kleren verder wilden uittrekken, verzette zij
zich. Wij waren met ons vier, verzwakt als we waren, tegen haar niet
opgewassen. We beseften eveneens dat we niet in staat waren datgene
te volbrengen waarmee wij haar vrees aanjoegen, maar niettegen-

staande dat, deden we voort omdat wij opgehitst werden door het
verzet dat zij pleegde. Toen ik haar er nogmaals aan herinnerde dat
de Russen haar zouden doodschieten als we over die revolver gingen
spreken, ging ze gewillig mee naar boven en liet zich verslagen de
kleren uittrekken. We deden dat op de wijze waarop we de Russen dat
zien doen hadden. Toen we haar het roze broekje over de benen
trokken, bemerkten we dat het langs de binnenzijde helemaal bevlekt
was met het sperma waarmee meerdere Russen, onmiddellijk na
elkaar, haar volgespoten hadden, en dat nu langzaam terug naar
buiten sijpelde. Het was een onsmakelijk ruikend goedje. We lieten
ons hierdoor niet beïnvloeden en één voor één gingen we op haar
liggen maar niet één van ons kreeg een erectie! Terwijl ik op dat blote
lijf lag, kreeg ik zelfs een misselijk gevoel van dat gelaat onder mij dat
me met angstige ogen aankeek. Ze beefde!'

Louis en zijn vrienden voelen zich hierna zo onnozel en beestig omdat ze
zich zo hebben aangesteld. Om hun woede te koelen trekt een van hen
zijn lederen riem uit zijn broek, ze duwen de vrouw op het bed en geven
haar vier striemende slagen op haar blote achterwerk. Vier slagen, één
slag van elk van hen. Opnieuw bekruipt hen allen een diepe schaamte.
Ze zijn hetzelfde aan het doen als hun beulen en moordenaars in de kampen, voor wie er geen enkele straf te zwaar was. Beschaamd druipen ze
af. Louis neemt wel het wapen mee. Het zal later nog van pas komen.

Louis neemt afscheid van de blonde Duitse. Hij biedt zijn verontschul-
digingen aan en wil vertrekken. Daarop vraagt de vrouw of hij met haar
nog een schnaps wil drinken. Louis blijft nog even. De vrouw verdwijnt
naar boven om de fles schnaps te gaan halen. Hij ziet dat ze een strijkijzer
meeneemt, dat op de tafel stond. Plots hoort hij de vrouw roepen. Ze wil
dat hij haar boven komt helpen om de fles van de kast te halen. Louis komt
dan in een wel heel benarde situatie terecht.

'Ik stond recht en ging de trap op. Bij het betreden van de kamer viel
het me op dat er geen fles op de kleerkast stond, maar ik dacht haar
slecht verstaan te hebben. Het was pas toen ik zag hoe haar ogen die
me glinsterend aankeken, zich vernauwden en er een grijnslach op

haar lippen verscheen dat ik het geluid achter de deur hoorde.
Instinctmatig sprong ik opzij en kreeg hierdoor de slag van het
strijkijzer op de dikke kraag van mijn pelsen vest in plaats van op
mijn schedel. Terwijl ik als een gevelde os door mijn benen zakte,
draaide ik me een halve slag om en een snel geplaatste voetklem deed
mijn tegenstrever eveneens met de plankenvloer kennis maken. Zijn
neerbonzend lichaam deed het glaswerk op de lavabo daveren.
We waren beiden gelijktijdig terug op de benen. Hij omklemde nog
steeds het strijkijzer. Toen ik het wijf in het Duits hoorde schreeuwen:
'Snel, snel Hans... maak hem kapot', besefte ik met een Duitser te
doen te hebben. Misschien wel haar man, haar broer, een familielid of
een deserteur die zij alleszins kende, vermits zij hem bij zijn naam
noemde. De tijd om zijn visitekaartje te vragen had ik echter niet. Het
strijkijzer dat vervaarlijk de hoogte in ging, deed me snel een trap
uitvoeren tussen zijn benen. Door het feit dat hij de trap had zien
aankomen, sprong hij opzij met als gevolg dat ik hem niet goed trof.
Hij liet echter van pijn het ijzer vallen. Ik wilde het een schop geven
zodat het van de trap zou vallen, maar ik kreeg het niet verder dan
twintig centimeter van de bovenste trede. Als een getergde leeuw vloog
hij op het ijzer.
Die duik werd zijn ondergang, want uit alle macht duwde ik met mijn
voet tegen zijn rug zodat hij op zijn buik de trappen afgleed.
Het wijf wilde me hetzelfde lappen, juist op het ogenblik dat ik me
omdraaide. Ik lichtte haar een voetje zodat zij door de kracht die zij
achter haar aanloop gezet had met een ijselijke gil de trap afbodderde
en in haar val mijn aanvaller meesleurde die slechts tot halverwege de
trap gerezen was en reeds aanstalten maakte om terug naar boven te
klauteren om me definitief buiten gevecht te stellen.
Toen hij het strijkijzer opnieuw vast had, klauwde hij als een wilde de
trappen op. Zijn van woede verwrongen gezicht liet geen twijfel over
hetgeen me te wachten stond als hij boven geraakte.
Het werd een wedloop tegen de dood; hij, om zo snel mogelijk de trap
op te klimmen; ik om mijn vest open te krijgen, de holster te openen en
het pistool tevoorschijn te rukken.
Met een uiterste krachtinspanning kreeg ik de haan gespannen, juist

op het ogenblik dat hij bijna boven op de trap is. Toen ik met gestrekte arm het wapen afvuurde, had ik zijn borst als een grote schietschijf voor mij. Het was slechts bij het tweede schot dat hij opnieuw van de trap tuimelde. Ik zou er durven op zweren hebben hem van zo dichtbij telkens geraakt te hebben.

Het scheen niet waar te zijn want hij kwam terug naar boven. Het moet wel een duivel geweest zijn dat hij het aandurfde naar boven te komen, alleen gewapend met een strijkijzer.

Voor ik het zelf besefte had ik in een panische angst op zijn hoofd gevuurd, ik miste het! Plots bemerkte ik twee rode vlekken op zijn hemd. Was deze kerel dan onsterfelijk of voelde hij niet eens dat het bloed rijkelijk over zijn ledematen stroomde? Ik vuurde weer op zijn borst en hoorde duidelijk hoe de kogel met een "flakkend" geluid uit zijn rug kwam.

Bij die vierde kogel hoorde ik hem "Mijn God" zeggen. Hij liep wankelend de trappen af en wilde het huis ontvluchten, doch liep recht in de armen van enkele Russen en gevangenen die kwamen zien wat dat schieten betekende. Ik was gered!

Eensklaps bemerkte ik dat de vrouw verdwenen was. Ik heb nooit geweten wie deze personen waren. Toen de Russen vernamen wat er gebeurd was, trokken zij de Duitser het bebloede hemd van het lijf. Onder zijn arm droeg hij het teken van de SS. Hij was meteen ten dode gedoemd. Een salvo uit een Russisch geweer stelde een einde aan zijn leven. Toen ik zijn zakken doorzocht, vond ik een foto van hem met een vrouw die lachend een kind in de armen hield terwijl hij haar middel omvatte. Op dat ogenblik voelde ik mijn maag keren terwijl een ijzeren klem zich rond mijn hart legde. Die man had ook liefgehad en werd ook bemind, al was het misschien maar alleen door zijn vrouw en door zijn kind.'

Louis kan het wel vinden met die Russen, ondanks hun brutale omgang met de Duitse vrouwen. Hij had in de kampen wat Russisch geleerd en dat maakte indruk op de Sovjetsoldaten. Bovendien pakt hij bij hen steeds uit met zijn meertaligheid en is hij er niet te beroerd voor te overdrijven. Nederlands, Spaans, Esperanto, Latijn en Grieks, hij kan het allemaal, wel wetende dat die Russen daar toch niets van verstaan. Hij spreekt met hen over Russische literatuur, over Marx en Stalin, over het Russische en het Belgische volk, over de oorlog en de gruwelen. En ook over de verkrachtingen van Duitse vrouwen. Op het ogenblik dat hij hun vertrouwen wat heeft gewonnen, wil hij wel eens weten waarom de Sovjetlegerleiding haar soldaten niet verbiedt de Duitse vrouwen en de jonge Duitse meisjes op zo'n beestachtige wijze te verkrachten. Die vraag richt Louis tot een Sovjetcommandant. Hij krijgt het volgende antwoord:

"'Hoe denkt ge dat ik me zal voelen wanneer ik na meer dan een jaar afwezigheid thuis kom en mijn vrouw terugvind met een Duitse baby in de armen?" "Hoe denkt ge", ging hij verder, "dat onze soldaten zich zullen voelen wanneer zij weer terug in hun vaderland zullen zijn en hun meisjes en vrouwen verkracht en verminkt zullen terugvinden? Denkt gij dat het plezierig is voor andermans kinderen te werken? Oog om oog, tand om tand. We geven ze van hetzelfde laken een broek. De Duitsers hebben het ons voorgedaan. Ik geloof dat zij het minder goed zullen kunnen verteren dan wij."'

Daarmee was de reden van die uitzinnige Russische wraak tegen het Duitse volk voor Louis duidelijk.

RADELOZE DUITSERS

De Russen maken zich in die periode klaar om Wittenberg te beschieten, de Duitse stad waar de protestant Maarten Luther begin zestiende eeuw zijn reformatiebeweging startte. Louis krijgt van de Russen de raad verder achter het front te trekken omdat de Duitsers wellicht een tegenaanval zullen wagen. Ze passeren dorpjes als Prülitz, acht kilometer van Wittenberg en Listerfehrda, ten oosten van de Elbe, waar ze acht dagen verblijven.

Louis en zijn vrienden trekken verder. Enkele Duitsers maken ook hun koffers en vertrekken met hen. Nog even lopen ze langs bij een buur van een van de vertrekkende Duitsers. Ze treffen daar een vreselijke situatie aan. Op de grond ligt een vrouw met gekloven schedel. Naast haar ligt het wapen van de misdaad: een zware hakbijl. De hele vloer is bedekt met bloed. Op de tafel ligt een briefje waarin alles uitgelegd wordt. De man heeft zijn vrouw vermoord om haar nog meer verkrachtingen te besparen. Hij schrijft in de brief dat hij zich gaat ophangen. Louis doorzoekt het huis en vindt inderdaad op zolder een bengelende man aan een koord. Louis steekt de afscheidsbrief in zijn eigen zak in de hoop dat de dorpsgenoten van de ongelukkige de man zullen vinden en denken dat het de Russen geweest zijn. Maar hij bedenkt zich en gaat een Russische commandant alles vertellen. Deze vraagt Louis om met hem mee naar het huis te gaan om alles te onderzoeken. Wat zij daar aantreffen, is nog gruwelijker:

'Ongelovig het hoofd schuddend ging de commandant mee. Het geen we bij ons binnenkomen ontdekten, deed echter de maat overlopen! Een Russische lijkschenner lag op de vrouw. Hij had haar uit de bloedplas gesleurd en een doek over haar verminkt hoofd gelegd. Hij was zo in zijn werk verdiept dat hij ons niet hoorde binnenkomen. Toen ik zag dat de commandant naar zijn pistool greep, maakte ik dat ik weg kwam. Ik wilde niet dat de Russen me zouden kunnen verwijten of aanwrijven dat het door mijn fout was dat de commandant op zo iets uitgekomen was en dat ik bijgevolg de oorzaak was van de dood van hun kameraad. Snel achter elkaar weerklonken de schoten.'

Louis en zijn vrienden zetten hun gruweltocht voort. Ze passeren totaal verlaten dorpen, zoals Gräfenhainichen. De Duitse bevolking is gevlucht voor de barbarij van de Russen. Maar het Rode Leger rukt zo snel op dat de Duitsers geen tijd hebben om have en goed mee te nemen. Hier en daar staat toch nog een zonderling op straat, bang de komst van de Russen af te wachten. Veel huizen zijn verlaten, met alles nog intact. Voor Louis en zijn vrienden hét paradijs, want ze vinden er veel eten om hun voortdurende honger te stillen. Ze treffen er zelfs volledig gedekte tafels met eten aan, inderhaast verlaten, alsof ze voor hen zijn klaargezet.

Verse vis, ijskoude melk, flessen cider. Ze eten en drinken zich te pletter. En dan heerlijk slapen in een echt bed. Intussen woedt de oorlog voort: bombardementen; afweergeschut dat roodgele vlammen naar de donkere hemel spuwt; ratelend machinegeweervuur; een Duits jachtvliegtuig is geraakt en stort in lichterlaaie naar beneden. Louis denkt bij het zien van het brandende vliegtuig aan de piloot, de vijand, maar ook een soldaat, een mens. Misschien liet hij vrouw en kinderen achter? Die verdomde oorlog.

Het is 25 april 1945 omstreeks kwart voor tien 's avonds. Ze bereiken een kasteel. Of beter, een grote villa. Langs een ijzeren poort en een dreef komen ze aan de voordeur. Hier zullen ze zeker iets van waarde vinden: juwelen of goud. In een boom in de tuin hangt een man te bengelen met een strop rond de hals. De wind doet hem lichtjes heen en weer wiebelen. Op zijn borst hangt een plaatje met daarop de tekst: 'Dit is het lot van alle concentratiekampbeulen!'

Louis en zijn vrienden gaan langs de achterzijde binnen en staan in de keuken plots oog in oog met een dame op leeftijd en een meisje van ongeveer negentien jaar oud, Louis' leeftijd. Het hart van Louis begint sneller te slaan door de schoonheid van de jonge vrouw. Louis stelt de moeder en haar enige dochter meteen gerust. 'We zijn Belgen.' De vrouw, die volgens Louis van adel moet zijn, vertelt dat haar man in België veel vrienden had, handelsrelaties. Ze krijgen brood met vet en worst, een glas rode wijn en ersatzkoffie van gebrande eikels. Louis drinkt zijn koffie uit een sierlijk kopje met een kleine ooropening. Zijn vinger blijft erin steken en hij is verplicht om zijn kop in één slok leeg te drinken om vervolgens zijn vinger uit het oor te trekken.

Na het eten stelt de vrouw voor om Louis in haar huis rond te leiden. De vertrekken zijn rijk bemeubeld, aan de muren hangen schilderijen die Louis wel wil meenemen. Overal mooi porselein, zilverwerk, kristal en zware tapijten. Langs een brede eikenhouten trap gaat hij met de vrouw des huizes mee naar boven. De vrouw stelt hem voor hier te overnachten. Hij betrapt er zich op sympathie voor deze Duitse vrouw te krijgen. Hij, die toch verondersteld wordt een man van staal te zijn die helemaal geen Duitser meer kan uitstaan.

De Duitse bevolking ging massaal op de vlucht voor het aanstormende Rode Leger.
(BPK-Bildargentur)

Ze komen voorbij een deur waarvan het slot geforceerd is. De vrouw wil de deur voorbijgaan, maar Louis vraagt wat zich in deze kamer bevindt. De vrouw opent zwijgzaam de deur. Louis ziet dat er tranen in haar ogen staan: 'Dit is de kamer waar mijn man las, zijn brieven schreef en waar hij zijn toevlucht zocht wanneer hij alleen wou zijn', vertelt ze. Tegen de muur staat een grote boekenkast. Goethe, Herder, Schiller... Louis legt de vrouw uit dat hij die werken kent en hij het Duits een mooie taal vindt, in zoverre ze gebruikt wordt om te schrijven en te dichten, en niet om bevelen te schreeuwen. De vrouw slaat de ogen neer en zwijgt. Daarnaast ontdekt hij een kast met een mooie verzameling steekwapens, bajonetten, sabels, degens en jachtmessen. Louis is een kenner en hij kan haast elk mes thuiswijzen. 'Mijn man is een verzamelaar', legt de vrouw uit. Louis trekt *Hermann und Dorothea* van Goethe uit het rek en begint te lezen. Hij vertelt de vrouw dat hij dit boek al op school heeft gelezen en voor hij het beseft, gaat zijn gesprek met haar over zijn ouders, zijn land, zijn studies, zijn gevangenschap... Hij spreekt met haar zelfs over Adolf Hitler. Op dat moment onderbreekt de vrouw hem en vertelt ze dat haar man na de aanslag op de Führer op 20 juli 1944 werd aangehouden. Tot op heden heeft ze van hem niets meer gehoord.

Alvorens ze de kamer verlaten, biedt de vrouw Louis een mes uit de collectie van haar man aan. 'Ge moogt het houden', zegt ze moederlijk. 'Een souvenir van mij.' Louis zal het mes al meteen nodig hebben wanneer enkele luidruchtige Italiaanse gevangenen binnenvallen en eten opeisen. Ze geraken met onze vrienden in de keuken in een chaotisch gevecht verwikkeld, waarbij Louis zijn mes pal in de rug van een van de Italianen ploft. De wonde wordt verzorgd en de Italianen druipen af.

Ze gaan slapen en Louis hoopt dat er geen Russen zullen binnenvallen. De moeder gaat bij de dochter slapen, Louis en Felix nemen de volgende aanpalende kamer van de moeder, en Lucien en Frans krijgen een kamer verder op de gang. Maar het ergste gebeurt. 's Nachts hoort Louis stappen op de gang. Vliegensvlug wekt hij Felix en voert hij zijn slim plan uit: Louis stopt Felix in het bed bij de moeder, hijzelf kruipt bij de dochter. Het moet lijken alsof ze koppeltjes zijn. Louis misleidt dus de nietsvermoedende Russen die de kamer binnenkomen en behoedt de twee vrouwen voor eventuele verkrachtingen.

'Tijd om uitleg te geven over mijn bedoelingen had ik niet want daar
vloog de deur reeds open en een zaklantaarn wierp een bleke
lichtbundel op ons bed. Ik voelde hoe de weerstand onder mij
verzwakte. Wie van ons beider hart toen het hevigst bonkte, weet ik
niet meer. Mijn stem was nochtans tamelijk vast toen ik joviaal
protesterend in mijn beste Russisch uitlegde dat die storing niet schoon
was en dat de "kameraad" zeker het slechtste ogenblik uitgekozen had
om me in mijn "werkzaamheden" te komen onderbreken. Toen ik daar
nog aan toevoegde dat ik uit een concentratiekamp kwam en dat ik
mijn "wraak" aan 't nemen was, moesten zij zelfs hartelijk lachen. Ze
waren in een goede bui. Aangemoedigd door mijn voorlopig succes,
legde ik hen uit dat de kameraad in de kamer er naast ook zijn
"wraak" nam en dat het beter was hem niet te storen.'

Ze zijn verlost van die Russen. 'Danke schön', zegt het meisje achteraf en
drukt in een plotse opwelling van dank een kus op Louis' wang. Ze begint
luid en hevig te snikken. 's Morgens bij het ontbijt vraagt de moeder aan
Louis of hij niet wil blijven tot na de oorlog om hen tegen de Russen te
beschermen. Maar hij maakt haar duidelijk dat hij terug naar huis wil.
Louis gaat nog wel naar het plaatselijke Russische hoofdkwartier en
vraagt aan de commandant een briefje bestemd voor de kasteeldame en
haar dochter waarop staat dat elke Russische soldaat hen met rust moet
laten. Louis loopt er fier mee naar het kasteel. De vrouw vraagt hem om
hen na de oorlog opnieuw te komen opzoeken. Hij krijgt haar naam en
adres en zal dit nog jaren bewaren, samen met zijn herinneringen aan die
vreselijke nacht. Het mes hangt hij later thuis aan de muur, en telkens als
hij het in de hand neemt, beleeft hij weer zijn gevecht met die verrekte
Italianen.

WODKA EN VROUWEN

Louis wil zo snel mogelijk naar huis, maar daarvoor moet hij over de rivier
de Elbe geraken, richting de Amerikaanse zone. Dat is een probleem,
want de bruggen over de rivier zijn vernield. Hij gaat dan maar verder op

verkenning in enkele huizen, waar hij eten en drank vindt. In het ene huis vindt hij ook een mooie ring met een edelsteen, in het andere een prachtige pels van een zilvervos. De tocht zit vol verrassingen: in het huis van een dominee vindt hij aan een waslijn vier condooms die daar hangen te drogen. Enkele Fransen hadden in het huis hun intrek, en voorzorgen, genomen. Maar de zoektocht is voornamelijk gericht op 'eten'. Op een boerderij wordt een varken geslacht. Alle gevangenen kerven mee in het vlees als een zwerm piranha's op een karkas. En er wordt goed gegeten, te goed, want te veel eten is voor ex-concentratiekampgevangenen een groot gevaar. Enkelen moeten dat overmatig eten dan ook met de dood bekopen. Louis vindt hen dommeriken. De kampen overleefd en hier zo te moeten sterven, dat begrijpt hij niet.

Ook te veel drinken is niet zonder gevaar. Louis' vriend Lucien ondervindt het aan den lijve.

'Zo had Lucien niettegenstaande onze vermaningen steeds van alle soorten ingemaakte fruitsappen zitten proeven en daarbij nog 12 bebroede eieren in de pan geklutst en binnengespeeld. Toen hij dan al huilende over de grond rolde en steeds op zijn vrouw riep "Ons Jeanne, Ons Jeanne", trokken wij ons stoïcijns van heel het geval niet veel aan. Hij had maar moeten luisteren! Zijn gekreun en gekerm werkten op onze zenuwen, in zoverre dat Felix zich over hem boog en schreeuwde "Crepeert Godverd...". Als gevolg hiervan huilde de andere nog harder en schreeuwde nog meer "Ons Jeanne, Ons Jeanne". Later noemden we hem eenvoudig "Ons Jeanne".'

Op zoek naar een radio om wat nieuws te vernemen over de oorlog, komen ze aan in het huis van een vrouw van een SS-officier. De vrouw ontvangt hen niet erg vriendelijk en als Louis haar uitlegt dat hij haar radio wil, wordt ze hysterisch. 'Gespuis', schreeuwt ze. 'Oudermoordenaars, dieven. Ze hadden u allemaal moeten kapotmaken.' Louis geeft de vrouw een uppercut. Ze spuwt bloed. Haar tong was tussen haar tanden blijven steken. De vrouw begint nog harder te schreeuwen. Na een tweede vuistslag heeft Louis de moed niet meer om door te gaan. Het is tenslotte een vrouw, hoewel ze daar niet veel van weg heeft. Niet zo slim, want de vrouw kan een borstelsteel pakken en laat die als een knuppeltje op de rug van Louis dansen. Hij moet zelfs het hazenpad kiezen. In de overtuiging dat haar man een SS-beul is, loopt hij met zijn verhaal naar de Russen. Ze moest maar eens voelen dat ze een 'communistische' ex-gevangene geslagen en verjaagd heeft omdat hij zich toe-eigende waarop hij als overwinnaar recht heeft. Alvorens de Russen met Louis naar de vrouw trekken, moet hij met hen nog een fles wodka leegdrinken. 'Drink kameraad, drink op Stalin en op ons glorierijke leger.' Goed beneveld stappen de Russen en Louis naar de Duitse vrouw. Ze beuken de deur in en sleuren de vrouw bij de haren uit de kleerkast waarin ze zich had verstopt. Louis is zo dronken dat hij zich op een stoel laat vallen en het vreselijke spektakel vandaar aanschouwt.

'Dronken als zij waren wilde ieder van hen de eerste zijn om haar te bezitten. Er ontstond een klein handgemeen waarvan de vrouw gebruik maakte om te willen vluchten. Eén van hen sloeg haar met de kolf van zijn geweer op het hoofd en zij viel bewusteloos neer. Na een tijdje discussiëren, geraakten zij het eens over de volgorde waarin zij zouden te werk gaan.

De eerste scheen niet erg op snee te zijn want hij vloekte geweldig. Hij beweerde dat zo'n wijf gebruiken waarin geen leven meer zat, een hele karwei was.

Plots stond hij recht en greep uit de wasbak een stuk zeep en bestreek daarmee zijn geweldig gezwollen opgerichte penis. Door de opening van de half geopende broek zag ik een glimp van rossig kroezelhaar. Aan de bewegingen die hij een weinig later op het gevelde lichaam uitoefende, was te zien dat het middel dat hij gebruikte weinig probaat was. De vrouw kwam echter onmiddellijk terug tot bewustzijn. De andere hadden, dronken als zij waren, moeite om haar in bedwang te houden. Ik moest meehelpen een arm vast te houden. Toen ik beweerde daartoe geen kracht meer te hebben, werden ze weer woedend. Verdomme, in wat een parket had ik me nu weer gestoken. Om te vermijden dat ik eveneens met hun geweerkolven zou kennis maken,

voldeed ik dan maar aan hun eis. Ik kon echter haar arm niet tegen de
grond houden, met als gevolg dat ik boven op haar viel. Een zwoele,
pikante geur, die voortkwam van het product dat de Russen in haar
gedeponeerd hadden, drong in mijn neus met het gevolg dat ik
onpasselijk werd en op haar bloot lichaam kotste. Ik voelde me zo ziek
als een hond zodat ik opnieuw door mijn knieën zakte en half versuft
bleef liggen. De Russen waren plots ontnuchterd omdat zij dachten dat
hun kameraad uit het concentratiekamp ging sterven. Overdreven
bezorgd, zoals alleen dronken mensen dat kunnen zijn, droegen ze me
naar huis. Eén van hen torste de radio. Zij hadden gelukkig het doel
van onze tocht niet vergeten.'

Louis krijgt ook met andere Duitse vrouwen te doen: zij die zich gewillig
tonen in de hoop met hem mee te gaan naar de Amerikaanse sector en
verlost te zijn van die Russische geweldenaars. Hij wordt door de Russen
op een dag aangesteld als tolk, want hij verstaat Russisch en hij spreekt
Frans, Duits, Engels en Nederlands. Duitsers die klachten hebben, moeten bij hem zijn. Hij maakt hun grieven vervolgens over aan de Russen.
Een slaapkamer in een huis wordt zijn kantoortje waar hij zijn klanten
ontvangt.

In de namiddag komt er een vrouw bij hem een klacht indienen. Hij
laat haar in de slaapkamer en vraagt meteen wat ze te vertellen heeft.
Louis ziet dadelijk wat er scheelt. De Duitse heeft bloedrode lippen, ge-
verfde nagels. Ze is een beetje klein, staat op dunne hoge hakken van
smalle zwarte schoentjes. Onder haar rok ziet Louis een paar bevallige
benen. Ze draagt fijne zijden kousen. Met een stortvloed van woorden legt
ze uit dat ze door de Russen is verkracht. Maar Louis kan haar niet helpen.
Hij weet waarvoor deze vrouw in werkelijkheid komt.

'In detail hoorde ik dan het relaas van wat haar belagers met haar
allemaal hadden gedaan. Omdat ik onmiddellijk besefte haar in dit
geval niet te kunnen helpen, gaf ik als antwoord dat ik daar niet kon
tussenkomen, dat ze mocht gaan. Al sprekend was zij echter tussen mij
en het bed komen te staan. Om haar uitleg nog meer bevattelijk te
maken, voegde ze er aan toe: "En zo heeft hij mij vastgegrepen en op het

bed getrokken." Ze greep mij met beide handen bij de borst en liet zich snel achterover op het bed vallen. Toen eerst besefte ik wat voor vlees ik in de kuip had! Ik bleef boven op haar liggen en vroeg zo onschuldig mogelijk: "En toen...?" Op slag was zij woedend. Zij duwde mij van haar geile lijf en schreeuwde: "Ach gij, gij begrijpt me niet." Toen ik haar vierkant uitlachte, beende zij hooghartig de kamer uit, sloeg de deur met een slag dicht en stevende de trappen af. "Wacht", zei Felix, die zeker alles gehoord had, "Ik zal haar wat afkoelen." De daad bij het woord voegend, opende hij het raam en goot een emmer water over haar lijf. Op hetzelfde ogenblik lag hij krom van het lachen. "Als een smid een heet ijzer wil afkoelen, steekt hij dat ook in 't water", zei hij.'

Louis is er zeker van dat dit een van de Duitse vrouwen is die iets op haar kerfstok heeft en met een ex-gevangene over de grens probeert te geraken. Later ziet hij nog meer van die vrouwen wanneer hij van de Russen naar de Amerikanen gaat, en ze huilend achterblijven omdat hun opzet mislukt is. Ze kunnen dan niets anders doen dan teruggaan en bang afwachten wat er met hen zal gebeuren.

OVER DE ELBE

Eindelijk ligt er een noodbrug over de Elbe. Aanhoudend trekken leger-eenheden over die brug. Louis en zijn vrienden maken zich klaar om ook de overtocht te wagen. In een dorp gaan ze nog op zoek naar slachtvee, maar de buit is heel karig. De enkele koeien die ze nog in een stal aantreffen, hebben hun leven te danken aan het bordje op de staldeur: 'Milch-kühe, nur für Gefangenen'.

Bij een boer vinden ze op zolder nog drie schapen die door hun eigenaar wellicht waren verstopt. Daar was zeker een goede reden voor want in heel het dorp is geen levend konijn, kip, gans of varken meer te vinden. Omdat onze vrienden niet genoeg kracht hebben om de schapen naar beneden te dragen, werpen ze de blatende beesten door het raam naar beneden. Ze ploffen met een zware smak tegen de grond, waarna ze door toegesnelde hongerige gevangenen onmiddellijk worden doodgeslagen en ter plekke gevild. In het huis botsen Louis en zijn makkers op een groep Fransen die goed aan de schnaps en cider zitten en in het gezelschap zijn van een paar vrouwen. De Fransen krijgen alles gedaan van de Duitse vrouwen omdat ze beloofd hebben hen mee te nemen naar Frankrijk. Na enige glaasjes komt Louis ook goed op dreef en zingt met de Fransen het Franse volkslied, de Marseillaise.

'Ik bemerkte hoe één van hen met zijn meisje er stilletjes tussen uit kneep, naar de belendende plaats. In de spiegel die aan de wand tegenover mij in die plaats hing, kon ik goed zien dat hij haar niet eens moest neerleggen. Terwijl hij voorbereidselen maakte om tot de daad over te gaan, zag ik hoe zij haar rok omhoog trok, haar beide handen tussen de elastiek van haar broekje stak en met een snelle beweging het zijden kledingstukje over haar benen naar beneden schoof, en met wijd opgengesperde benen op de grond ging liggen. Zij strekte haar handen begerig naar hem uit toen hij zich op zijn knieën zette. Uit zijn broek puilde het stijf gezwollen lichaamsdeel. Zij trok hem zelf op haar bronstig lijf. Ik zag hoe wellustig en driftig zij zijn stoten beantwoordde. Toen hij van haar afrolde, kon ik nog juist zien hoe zij zelf boven op hem kroop en toen dezelfde wilde bewegingen uitvoerde die hij daarstraks gedaan had. Waarschijnlijk moet haar partner met deze positie niet akkoord gegaan zijn, want ik zag nog juist hoe zijn armen haar omknelden en beiden opzij kantelden buiten het gezichtsveld van de spiegel.'

Louis komt midden in een ware orgie terecht. De meesten zijn zo dronken dat ze niet meer uit hun ogen kunnen zien. Hun uitgemergelde lichamen zijn niet bestand tegen zoveel alcohol. De vrouwen grijpen elkaar vast en beginnen elkaar te kussen en te likken, nog erger dan honden. De mannen lachen en beginnen op hun beurt de vrouwen te kussen. Een van de vrouwen doet haar kleren uit en begint als een wilde in het rond te dansen. Het schuim staat op haar lippen en loopt in vlokken langs haar kin op haar borsten...

'die zo plat als afgelaten luchtballonnen op en neer tegen elkaar flapten door de wilde bewegingen van het zwetende en stinkende lichaam. Een

*van de mannen wilde haar vastgrijpen om met haar te dansen maar
dronken als zij waren, sloegen beiden tegen de grond. Alsof een bepaald
sein gegeven was, bogen drie vrouwen zich met ontblote boezem over de
gevallene en wreven met hun borsten over zijn gezicht. De zwaarste die
over hem gaan liggen was en hem in haar vette boezem dreigde te
verstikken, sprong huilend recht toen hij er in beet om op die manier
opnieuw aan zuurstof te geraken. De overigen grepen de naakte vrouw
vast en legden haar met de buik op een stoel. Met het vlak van de hand
sloegen zij op haar blote billen dat het kletste. Zij huilde om los te
geraken. Toen wierpen zij haar op de grond en goten water tussen haar
benen "om haar af te koelen".'*

Dan wordt het Louis allemaal te veel, hij neemt zijn pistool en lost een
schot. Veel vrouwen zijn gewond door de dolgedraaide Fransen en Louis
begint dan ook met het reinigen van hun wonden en het samenrapen van
hun kleren. Louis vindt de situatie van de vrouwen verschrikkelijk.

*'Behoudens die enkele uitzonderingen die ik reeds tegen gekomen was,
vond ik dat vrouwen in tijden van oorlog een betreurenswaardig
bestaan leden. De mannen of kinderen waaraan zij steeds dachten, en
die aan het front of waar dan ook waren, wisten dat zij nog leefden en
gezond waren. De vrouwen wisten dat echter niet. Zij leefden in een
bestendige angst. Van hen werd verondersteld dat zij buiten gevaar
waren omdat zij achter het front of zogezegd, nog in vrijheid waren.
Triestige werkelijkheid. Het was soms beter aan het front te zijn.
Sommige bevrijde vrouwen waren in het concentratiekamp veiliger
geweest dan ze thans waren.'*

De dag van het vertrek naar huis is aangebroken. Alle gevangenen pakken
hun boeltje om de Elbe over te steken. Net schoolkinderen die op reis
gaan, op weg naar huis, naar België. Op een karretje laden ze zoveel
mogelijk eetwaren. De weg gaat door een vlakke bosrijke streek. De akkers
liggen er verlaten bij. Er is geen boer meer te bespeuren in de verwoeste
Duitse velden. Ze komen in een volgend dorp aan. Plots weerklinkt een
luide bel. Een omroeper laat de burgers weten dat ze onmiddellijk, op

straffe van de dood, al hun zilveren eetgerei naar het gemeentehuis moeten brengen. Waarschijnlijk zullen de Russen een groot feest houden. Wat later roept de omroeper dat iedereen alle wollen dekens moet inleveren. Langs de weg ligt een kadaver van een paard. Waarschijnlijk neergeschoten door een mitrailleur. Louis ziet dat er stukken vlees uit het paard zijn gesneden. Dat wijst er volgens hem op dat hier nog fanatieke SS-soldaten rondzwerven die zich overdag verstoppen om 's nachts door de Russische linies te breken of te trachten het buitenland te bereiken. Voor Louis en zijn vrienden zijn dat heel gevaarlijke kerels die voor niets terugdeinzen.

En Louis heeft gelijk. Een wegfladderende vogel in de struiken trekt zijn aandacht en onmiddellijk beseft hij dat er iemand in de struiken verborgen zit. Plots wordt er vanuit die struiken op hen geschoten. Een kogel fluit rakelings langs Louis. Ze werpen zich op hun buik achter het dode paard. Louis trekt zijn pistool en spant de haan. Louis herinnert zich een truc uit een komische oorlogsfilm, grijpt de wandelstok van Felix en houdt diens muts op de wandelstok in de lucht. Een tweede kogel fluit langs de muts. Louis kermt alsof hij getroffen is. Hij vuurt vervolgens in de richting waaruit de kogel kwam en hoort ook iemand kermen. En dan volgt een lange stilte. Zou hij getroffen zijn? Ze durven niet te gaan kijken, maar komen stil uit hun schuilplaats en trekken verder.

In het eerste huis dat ze bereiken, gaan ze binnen en kruipen er dicht tegen elkaar in een bed. Nog vol angst van wat ze hebben beleefd. Louis voelt het begin van diarree en loopt naar het toilet. Te laat, alles in zijn broek. Hij zoekt een bezem om het smerige goedje op te kuisen als plots een gestalte uit het duister springt en hem bij de keel grijpt. Louis moet vechten voor zijn leven.

'Met een snelle beweging drukte hij mij tegen de grond en zette zich schrijlings over mij. Ik voelde hoe zijn knieën in mijn lenden drukten en hierdoor het mes dat in mijn vest stak, pijnlijk in mijn ribben perste. Op de hielen steunend wipte ik mijn buik omhoog en kreeg hierdoor het wapen vrij. Snel gleed mijn hand naar het heft van het mes. Juist op tijd! Ik had geen adem meer. Koud en berekend drukte ik uit alle macht het mes op zijn buik. Op het moment dat ik het "ploppend" geluid hoorde, voelde ik hoe het lemmer plots in zijn ingewanden

verdween. Hij loste onmiddellijk! Toen ik het mes terug trok, draaide ik
het een halve slag om en maakte hierdoor een vreselijke wonde.
Onmiddellijk stak ik een tweede maal toe, duwde hem met mijn vrije
hand van mij af en sprong recht. Hij kwam eveneens overeind en hield
kermend beide handen op zijn gewonde buik. Ik vermoedde dat hij
hevig bloedde. Steeds kreunend verdween hij in de duisternis.'

Ze trekken verder over de Duitse wegen. Elke stap brengt hen dichter bij
België, bij hun familie. Het valt Louis op dat de streek hier veel gelijkenis-
sen vertoont met zijn geboortestreek. Vlak, en veel kleine dorpen. Langs
de wegen staan fruitbomen. De huizen zijn gebouwd met horizontale
eiken balken en verticaal ingewerkte zijbalken, met daartussen metsel-
werk. De vensters zijn klein. De overstekende daken hebben geen goten.
Voor de deur ligt er meestal een mesthoop. Onder een afdak staan machi-
nes en ligt er gereedschap. Hier en daar langs de weg zien ze een omge-
kantelde legerauto. Een kolossale tank steekt als een logge mastodont in
de gracht naast de weg. De loop is aan het uiteinde uit elkaar gesprongen.
In de velden niets dan obustrechters, afgeknakte bomen, stukgereden
omheiningen, diepe sporen van tanks in de velden, zwartgeblakerde
muren van afgebrande huizen. Herinneringen aan het oorlogsgeweld.

Het is 6 mei 1945. Ze houden even halt in het dorpje Kemberg, waar
Louis nog een brief afgeeft die een Duitse vrouw hem had toevertrouwd
om daar aan haar familie te bezorgen, en dan gaat het op 7 mei 1945 naar
Radis, waar ze hun intrek nemen in een huis dat bewoond wordt door
vier vrouwen. 'Voor ieder één', knipoogt Felix. Ze lachen eens. Ja, als ze
Russen waren, dan misschien wel. De vrouwen zijn tamelijk jong, de
oudste schat Louis veertig jaar, de jongste vijfentwintig. Het zijn vluchtelingen uit het Rijnland, niet echt Hitlergezind, dus zijn ze hier niet echt
welkom. De bevolking in dit gebied is nog wel fel voor de nazi's. Een van
de vrouwen voedt haar baby met een raar vocht. Louis vraagt haar waarom ze geen melk bij de boeren heeft gevonden. De boeren gaven hun
geen melk omdat ze van het Rijnland zijn, omdat ze de boeren hadden
begroet met 'goede middag' en 'goede avond', en niet met 'Heil Hitler'.
Louis heeft medelijden met de vrouw, neemt een emmer en gaat naar de
eerste de beste boerderij. De boer is aan het melken. Hij vraagt melk,

maar krijgt ze niet. Zelfs als hij ermee dreigt de Russen te roepen, blijft de boer weigeren. Louis moet afdruipen als de boer zijn riek vastneemt. Dan maar naar een Rus. De eerste Rus die hij tegenkomt, neemt hij, met nog enkele andere Russische en Poolse gevangenen, mee. De boer geeft hem meteen een emmer melk en Louis loopt ermee naar de vrouw met de baby. Ze is dolgelukkig.

De vrouwen koken voor onze mannen melk en maken een vettige havermoutpap. Na de lekkere maaltijd laten Louis en zijn vrienden zich met de broeksriemen los behaaglijk in de zetel vallen. Wat een verschil met dat trieste kampleven. Hun uitpuilende buiken doen denken aan zwangere vrouwen. Lui en half in slaap blazen ze met veel genot de rook van hun sigaretten tegen het plafond. 's Avonds bakken de vrouwen pannenkoeken. De keuken hangt vol vettige geur die zich vermengt met de rook van de sigaretten. 's Nachts wordt Louis wakker door gestommel op de trap. Een van de vrouwen had geprobeerd om bij een van de mannen in bed te gaan liggen. Bij wat voor soort vrouwen zijn ze hier terechtgekomen, vraagt Louis zich af. *'De ene schaamde zich niet voor de andere. Een mens kon niet eens gerust slapen.'* Louis duikt weer onder de warme dekens en slaapt meteen vast in. Niet voor lang, want plots voelt hij een natte kus op de wangen. 'Ik heb het zo koud', klaagt de vrouw die naast hem in bed is komen liggen. Door een flinke duw van Louis ligt ze naast het bed op de grond. Louis krijgt het moeilijk.

'"Ik heb het zo koud", klaagde ze. "Hoe kunt ge zo hardvochtig zijn?"
Dat ze het niet warm had, kon ik opeens goed begrijpen omdat ik toen
pas bemerkte dat zij niet eens een nachthemd aanhad. Half naakt
stond ze daarvoor mij, al haar vrouwelijke charme in de schaal
werpend, om het gewicht toch maar naar haar zijde te doen
overhellen. Och god, als ik ze daar plezier kon mee doen. "Vooruit, 't is
goed," zei ik, "maar laat me tenminste rustig slapen."
Het volgende ogenblik lag ze al bij mij en wrong zich behaaglijk met
haar rug in mijn schoot. Haar hand kwam zachtjes achteruit en zocht
tastend de mijne. Toen ze die vond, trok ze deze stilletjes over haar
heen op die wijze dat mijn hand haar blote borst aanraakte. Toen ik
mij wou terugtrekken, werd haar greep vaster. Haar hoofd half in mijn

richting gedraaid fluisterde ze "alleen dat, mijn man deed dat ook
altijd. Voor de rest zal ik u gerust laten". Toen ik eens lichtjes in haar
borst kneep, wrong ze zich nog meer knusjes in mijn schoot. Ik lag
mijn eigen voor stommerik te verwijten. Om aan een gril van die dame
te voldoen, liep ik de kans mij 's morgens door mijn kameraden te laten
ontdekken en belachelijk te maken. Zij hield haar woord en viel mij
niet verder lastig. Telkens ik mijn hand wou terugtrekken, was zij er
onmiddellijk bij om haar op dezelfde plaats te houden. Door het vlezig
gedeelte van haar tamelijk vaste borsten, voelde ik haar hart kloppen.
Zij scheen gebruik gemaakt te hebben van het reukwater dat ik haar
gegeven had want de weldoende geur hiervan drong in mijn neus. Toen
had ik plots spijt niet bij machte te zijn de daad te stellen die zij van
mij in stilte verwachtte. Het vlees is zwak en de gelegenheid maakt de
dief. In onderhavig geval was het echter juist de zwakte van het vlees
die mij belette dief te zijn. Of was het feit dat deze gedachten in mij
opwelden misschien het voorteken dat mijn lichaam zich aan 't
herstellen was en dat mijn vroegere krachten terugkeerden? Wie weet!'

Doordat Louis haar onder zijn deken verstopt houdt, is zij die nacht de
enige van de vrouwen in het huis die aan het geweld van de Russen ontsnapt. Hij heeft dit nooit kunnen begrijpen.

'Een vrouw, die bedelde om bij een man in het bed te geraken om door
hem te worden vertroeteld; een vrouw, die niet verlegen was om te
bekennen dat ze hem in ruil daarvoor haar lichaam volledig ter
beschikking wou stellen, en die daarentegen, wanneer de Russen, op
zoek naar vrouwen, het huis doorzochten, lag te rillen van angst
omdat die barbaren niet lief tegen haar waren en haar slechts als
middel gebruikten om hun wilde driften te laten hoogtij vieren.'

Het was ook de eerste keer dat Louis geen gegil of gehuil hoorde toen de
Russen bezit namen van de drie andere vrouwen. 's Morgens vernam hij
van Lucien en Felix dat die bronstige vrouwen zelfs onmiddellijk bereid
geweest waren het bed te delen met de Russen.

Na een overvloedig ontbijt begeven onze vrienden zich in de richting van de stad Halle. Louis' bijslaapster van één nacht huilt tranen met tuiten en hij verwenst zichzelf omdat hij medelijden met die Duitse vrouw, de vijand, heeft gehad.

DAAR IS EEN RUS GESTORVEN

De weg naar het verzamelkamp in Halle loopt over Schlaitz en Bitterfeld, en onderweg stoppen ze aan een boerderij. Ze bonken op een gesloten poort, maar niemand komt opendoen. Louis klimt over de muur van de boerderij en ontgrendelt de poort. Hij ziet nog net de boer met zijn dochter wegvluchten. In de keuken treffen ze alleen de boer aan. Van de dochter is geen spoor meer te bekennen. Louis heeft veel van de Russen geleerd om indruk te maken. Hij negeert de boer en ploft als een volleerde indiaan zijn mes met een zwierige zwaai in het tafelblad. Louis trekt zijn jas open en wijst hem op zijn pistool. Op zijn vraag aan de boer hoe hij het liefst wil sterven, door het mes of door het pistool, geeft de boer wijselijk geen antwoord. Ja, zo doen die bandieten in de film het toch ook? Louis trekt het mes uit het tafelblad en vraagt aan de boer waar zijn dochter is. En dan volgt de volgende conversatie.

"'Ik heb geen dochter, mijnheer."
"Gij hebt wel een dochter. De gebuur heeft het ons gezegd."
"Ze is niet hier."
"Waar is ze dan?"
"'k Weet het niet, mijnheer. Heus ik weet het niet!"
"Wat...! Ge durft ons beliegen! Gij vuile smerige mof! Dat zult ge met de dood bekopen!"
Bij deze woorden richtte ik plots het pistool op zijn hart en spande de haan.
"Als binnen de minuut uw dochter niet hier is, maak ik van u een zeef! Ik heb immers gezien dat ze in de schuur gelopen is!"
Op 't ergste voorbereid, ging 't boerke zijn dochter van de hooischelf halen.

Toen ze bevend voor ons stond, hing er nog hooi in haar kapsel.

"Zijt gij de dochter?"

"Jawel, mijnheer."

"Ha ha...! Gij zijt de dochter... Schoon meisje, nietwaar mannen?"

Mijn maats knikten. Ze begrepen niet waar ik naar toe wilde.'

Maar het valt nog mee voor de dochter. Louis is geen geweldenaar zoals de Russen. Hij wil gewoon dat het meisje voor hen wat aardappelen schilt en kookt. Ze is opgelucht. Maar op het ogenblik dat het gezelschap aan het eten is, komt er een Rus binnen en is het uit met de pret. Louis nodigt hem uit om mee te eten, maar hij wil alleen maar schnaps. En opnieuw vergrijpt de Rus zich aan de jonge Duitse vrouw. Alleen, voor hij eraan begint, wil hij dat Louis haar eerst verkracht. Louis antwoordt de Rus dat dit niet gaat omdat zij een Duitse is, omdat zij de vijand is. Maar niets helpt. Louis moet haar eerst nemen. De Rus duwt Louis zijn geweer in de nek en hij moet buigen.

'Een hevige haat, die in woede omsloeg, nam bezit van mij. Ik legde mij over het meisje en omvatte haar als in een tedere omhelzing. Van die gelegenheid maakte ik gebruik om haar in het oor te fluisteren dat ik haar zou helpen. Terwijl ik schrijlings over haar zittend zogezegd mijn broek opende, maakte ik de lap van de holster van mijn pistool los. Met ontzetting in de ogen zag het meisje wat ik van plan was. Dan deed ik alsof een kleine hoestbui me overviel en spande de haan. Rechtstaan durfde ik niet want achter mij, tegen de deur, stond dreigend, met het geweer in de hand, de Rus. Ik moest een krijgslist gebruiken. Op de wijze zoals de Russen dat deden, scheurde ik met een korte ruk haar bloes open. Ik trok zolang tot dat haar borsten als platgedrukte waterzakken blootlagen. Tot dan had het arme schaap mij apathisch laten begaan. Het leek wel alsof zij gehypnotiseerd was. Toen ik echter haar broek begon uit te trekken, vertrouwde ze mij niet meer en begon hevig te spartelen. Dat was het ogenblik waarop ik gewacht had!

Ik deed alsof ik haar niet meester kon en riep de hulp in van de Rus. Grijnzend en wellustig had deze laatste mij bezig gezien. Hij zette zijn geweer tegen de deur en wou haar opgeheven benen die zij krampachtig tegen elkaar perste, tegen de grond duwen om mij toe te laten haar broekje uit te trekken. Met een snelle beweging sprong ik recht, zette het wapen tegen zijn hoofd en drukte onmiddellijk af. Zonder een kik te geven viel hij over haar heen en besmeurde haar borsten en kleren met bloed. Zij schedel was half verbrijzeld. Met een afgrijselijke gil verloor het meisje het bewustzijn.'

Louis heeft een Rus gedood. Ze sleuren het lijk naar buiten en werpen het in de bietenkuil. Alle sporen worden uitgewist, want de Russen mogen zijn lichaam niet ontdekken. Ze moeten maar denken dat hij gedeserteerd is. Zelden heeft Louis de dood van zo dichtbij in de ogen gekeken. Had de dronken Rus maar even zijn geweer gebruikt, dan was het met Louis gedaan geweest.

V

BIJ DE AMERIKANEN

'Amerikaner gut, recht gut, Ruski niks gut.'

TRUKENDOOS

De streek waar ze door trokken was oorspronkelijk door de Amerikanen ingenomen. Maar de Russen hadden zonder veel omhaal dit gebied ingepalmd. De Amerikanen lieten hen gewoon begaan. Zo ging dat in niemandsland. Onderweg vertellen enkele Duitsers Louis dat de Amerikanen voor hen veel beter zijn dan de Russen. *'Amerikaner gut, recht gut'*, herhalen ze steeds weer; *'Ruski niks gut'*, zeggen ze. Als de Duitsers naar de nationaliteit van Louis informeren, en hij zegt dat hij een Belg is, volgt de vraag van welke stad hij afkomstig is. Louis antwoordt dan steevast dat hij van Leuven is.

'Als we dan zegden dat we van Leuven waren, sloegen zij vol geestdrift de handen in elkaar en steeds hoorden we hetzelfde: "Löwen schöne Stadt". Ze waren er in 1914-1918 geweest en hadden er de mooie gebouwen bewonderd. Een maand voordien, in ander omstandigheden, klonk ook steeds eenzelfde antwoord wanneer we zegden van Leuven te zijn: "Ah! Löwen partisan hé!", en dan sloegen ze er duchtig op los. We hadden toen echter vlug geleerd te zeggen dat we van X of Y waren, en dan noemden we een klein dorpje of een gehucht. Het was toen zeer gevaarlijk te zeggen van Leuven te zijn.'

De Amerikanen trekken zich terug achter de rivier de Mulde, een zijrivier van de Elbe. Alle gevangenen hebben blijkbaar goed naar de radio geluisterd, want ze gaan allemaal richting een verzamelkamp. In de buurt van die verzamelplaatsen is er haast geen eten en onderdak meer te vinden, zo ondervindt Louis al snel. In een dorp worden ze ontvangen door een commissie van Duitse communisten. De commissieleden dragen een rode band aan hun arm. Zij zijn verantwoordelijk voor de toewijzing van onderdak en eten voor de gevangenen. De commissie beslist dat Louis en zijn vrienden in een schuur moeten overnachten, maar dat is helemaal niet naar hun zin. Louis haalt zijn trukendoos weer boven. Hij beklaagt er zich bij de commissieleden over dat die nieuwbakken communisten in bevrijd Duitsland toch een probleem zijn. Die communisten die net zomin communist geweest waren als Hitler of Göring, en die nu uit schrik een rode armband dragen om te bewijzen dat ze goede communisten zijn. De commissieleden schuifelen wat ongemakkelijk op hun stoel, ze kijken elkaar aan en Louis heeft al meteen de roos getroffen. Maar zijn trukendoos is verre van leeg. Hij verduidelijkt dat zijn opmerking natuurlijk geen betrekking heeft op de achtbare commissieleden die voor hem zitten. Hij zou niet durven. Omdat hij hen als overtuigde communisten ziet die reeds lang lid zijn van de 'partij', maakt hij er hen attent op dat ze zijn vader, een "beroemd Belgisch communist" toch moeten kennen. De grote Belgische communistische senator die ter dood werd veroordeeld? En zijn broer? De beroemde volksvertegenwoordiger die dwars door de Duitse linies naar Rusland was gevlucht? Jawel, alle commissieleden knikken instemmend op dit verzonnen verhaal van Louis. Ja, ja, ze kennen de vader van Louis van uit de krant. En dan komt het hoogtepunt van de list van Louis, om aan eten en een warm bed te geraken.

'"Welnu", ging ik verder, "wat denkt ge wat zij zouden zeggen, of denken van de Duitse communisten als ik hen, bij mijn thuiskomst, ga vertellen dat ik hier zo gastvrij onthaald werd dat ik in open lucht had mogen slapen?" "Mocht ik soms de namen hebben van de heren?... Mijn vader en mijn broer zouden er voor zorgen dat Moskou een goed punt achter hun naam zette!" Dat goede punt wensten ze niet. Ze deden enkel hun plicht, ziet ge? Maar aangezien ik de zoon was van mijn vader de senator, en de broer van mijn broer de volksvertegenwoordiger, zouden zij er voor zorgen dat ik een bed kreeg. "Twee bedden", zei ik. "We zijn met vier." We zouden met twee in één bed slapen. Die nacht sliepen we in de bedden van twee van die commu-</*>

nisten die zo goed geweest waren het hunne voor één nacht aan ons af te
staan.'

De volgende dag probeerde Louis zijn list opnieuw uit, maar dit keer zonder resultaat. Hij trok met zijn verhaal van zijn vader en zijn broer dan maar naar de plaatselijke Russische commandant en deze schreef hem een briefje waarin stond dat elke Russische soldaat verplicht was het viertal te allen tijde eten en onderdak te geven. Brood, melk, vlees en een bed, het mocht vanaf dan geen probleem meer zijn.

Bij 'Frau Hermann' laten ze al meteen hun briefje van de commandant zien. Ze krijgen een kamer met wat stro op de plankenvloer. De vrouwen die in de kamer sliepen, moeten opkrassen. Louis dommelt in terwijl duizend vragen door zijn hoofd spoken:

'Wat zou er van Camille geworden zijn, die daar aan die vijver achtergebleven was. Zouden ze hem doodgeschoten of doodgeslagen of voor hun genoegen hem misschien gewurgd of verdronken hebben? Het had toen toch hard gevroren. Het ijs stond een vinger dik op de vijver. Wat zouden ze met de lijken gedaan hebben? Opgestookt of begraven? Als ik ooit heelhuids thuiskwam en als de oorlog gedaan was, zou ik eens teruggaan om te zien. Maar waar? Ik wist niet eens de naam van het dorp. Ik zag opnieuw hoe die vrachtwagen door onze gelederen reed. Hoe die jongens afgeknald werden die in die lokkende aardappelgroeve gesprongen waren. Hoe we beschoten werden met Duitse kanonnen. Hoe onze oude kameraad in de vijver beschoten werd. Hoe de andere na uit de hangaar te zijn gevlucht na een verwoed gevecht, werd afgemaakt.
Gelukkig viel ik in slaap. De dromen die mij toen overvielen, waren van een betere aard.
Ik was weer thuis. Vrienden en kennissen kwamen mij groeten, aanschuivend in de rij zoals de kinderen voor Sinterklaas. Ze hadden allemaal iets te eten meegebracht. Die met de vijand hadden meegeheuld, kwamen mij ook welkom heten. Ze hadden hesp en andere lekkere dingen bij. De ondergedokenen brachten mij een stuk raap, biet of een grote wortel. Er waren er zelfs bij die me een

spekzwoerd afstonden! Toen besefte ik opeens dat ik aan het dromen
was. De werkelijkheid zou heel anders moeten zijn. Koetscher, de
kampbeul, zond zijn honden in de barakken. Zij waren als wilde
duivels die ons uit de bedden sleurden. De zweep knalde reeds op mijn
rug. Verdomme, ik kon nog niet eens lopen. Koetschers hond sprong
me reeds naar de keel. In zijn muil had hij een groot slagersmes! Hij
legde het braafjes aan mijn voeten en sprong dan weer naar mijn keel.
Traag als een robot bukte ik mij en nam het mes in mijn hand. Toen ik
er op kneep, vlogen er kogels uit en de hond viel morsdood. Koetscher
kwam woedend op mij toegelopen en wou mij wurgen. Hij kon echter
niet want hij hing aan een tak te bengelen.'

Als ze 's morgens wakker worden, zijn de vrouwen al aan het ontbijten.
Het zijn er zes. Na het ontbijt gaan zijn vrienden naar hun kamer om een
uiltje te vangen. Twee vrouwen worden door de andere vrouwen altijd de
'tortelduifjes' genoemd. Louis vraagt hun wat dit te betekenen heeft. De
vrouwen beginnen te lachen maar antwoorden niet. Ze wijzen hem voor
meer uitleg naar de nabijgelegen schuur. Louis gaat meteen op verken-
ningstocht.

'Door een spleet tussen twee planken herkende ik mijn rustverstoorders.
Het waren de "tortelduifjes". Ik begreep niet goed waarom zij de poort
langs binnen afsloten. Gingen zij zich voor iemand verbergen? Ik
hoorde nochtans geen lawaai van achtervolgers! Toen ik bemerkte
waarvoor ze feitelijk naar hier gekomen waren, kon ik mijn ogen niet
geloven. De ene had de andere in een innige omhelzing omklemd en
vlijde haar zachtjes in het hooi. De seksuele verhouding tussen beide
vrouwen die zich toen voor mijn ogen afspeelde, stond bekend onder de
naam van Lesbische Liefde (afgeleid van de tempelgebruiken op het
eiland Lesbos) of Sapphisme (naar de dichteres Sappho die, in het jaar
600 voor Christus, het eiland Lesbos bewoonde).
Onthutst sloeg ik het gedoe gade en opeens begreep ik van waar die
naam "tortelduifjes" kwam. Het was onbegrijpelijk, twee personen van
hetzelfde geslacht die elkaar bezigden om hun geslachtsdrift ten top te
voeren! Wat voor een soort mensen had ik nu reeds leren kennen!?

Sadisten, masochisten, homoseksuele mannen en vrouwen. De wereld was een raar ding! Toen ze weer weggeslopen waren, daalde ik eveneens de ladder af en volgde hen. Zij gingen met enkele minuten tussenpauze één voor één het huis in.'

Onze vrienden hebben nadien andere bekommernissen: ze hopen zo snel mogelijk over de rivier de Mulde te geraken.

OVER DE MULDE

Maar de overtocht verloopt niet zo gemakkelijk. Voor de Mulde ligt een heel leger bevrijde gevangenen te wachten om over te steken. Zonder papieren geraak je er niet over. En de Russen laten slechts kleine groepjes door. De overtocht wordt voor Louis een hachelijke onderneming. Zijn papieren liggen nog in Buchenwald. Dus daar kan hij nu niets mee aan. Hoezeer hij ook benadrukt dat hij een politiek gevangene is uit een concentratiekamp, die honger en foltering heeft doorstaan, het helpt niets. 'Eerst uw identiteitsbewijs.' Mistroostig zetten ze zich in een grachtkant langs de weg.

En daar zijn alweer, die gewelddadige Russen. Tussen de groepjes bevrijde gevangenen bevinden zich ook Duitse vrouwen die de Amerikaanse zone proberen te bereiken. Russische soldaten verplichten sommige gevangenen hun hemd open te trekken om te controleren of het geen vrouwen zijn. Bij anderen tasten de Russen gewoon tussen de benen. Omdat de Duitse vrouwen dikwijls hun haren knippen en mannenkleren aantrekken, is het moeilijk op het eerste gezicht mannen van vrouwen te onderscheiden. Louis en zijn vrienden gaan zo dicht mogelijk tegen elkaar zitten, zodat een Duitse vrouw voor de Russen onzichtbaar wordt. Maar dat lukt niet altijd.

De Russen ontdekken een vrouw. Als ze haar jas moet openen, zien ze haar borsten, die ze stevig tegen haar lichaam had gebonden. Haar mannenpet wordt van haar hoofd gerukt en haar donkere lokken vallen naar beneden. Als ze zich voor de Russen in alle richtingen moet draaien, ziet Louis dat de vrouw zwanger is. De Russen werpen haar in het stro en vieren hun lusten bot. Louis wordt er misselijk van. Hij begrijpt deze macabere seksuele driften niet meer. De vrouw heeft ook een jongetje bij, haar zoontje. Hij huilt en begrijpt niet dat die mannen met zijn 'Mutti' vechten. Een van de gevangenen neemt het knaapje in zijn armen en bedekt zijn ogen voor deze wansmakelijke vertoning. De jonge moeder blijft kreunend achter. Louis zoekt in zijn ransel naar iets lekkers voor het kind. Plots gilt de zwangere vrouw en grijpt naar haar buik. Ze heeft weeën gekregen. Louis stuurt een Duitser eropuit om propere doeken te halen. Het vruchtwater is gebroken, de vrouw begint hevig te persen, het hoofdje en de schouders komen al tevoorschijn. Louis legt de baby in een zuivere doek. Het is een meisje. Hij pakt een veter uit zijn schoen om de navelstreng af te binden. Omdat de baby moeilijk ademt, houdt hij het kindje bij de voetjes vast en met het hoofdje naar omlaag. Het schreeuwt als een gekeeld varken.

De moeder huilt en bedankt Louis voor zijn hulp.

De dag nadien trekt Louis met zijn kameraden naar de brug over de Mulde. Ze mogen nog altijd niet oversteken. Enkele Fransen mogen wel door, maar hun Duitse meisjes, aan wie ze beloofd hadden hen mee te nemen naar Parijs, mogen niet mee. Huilend blijven ze achter. Er zijn vrouwen die smeken, vloeken en met de vuist dreigen, het helpt niet. Twee vrouwen dragen elk een kind van ongeveer twee jaar op de armen.

Wie over de brug mag, moet alles achterlaten. De weg naar de brug staat vol met karren, zelfs tractoren met aanhangwagens vol gestolen huisraad. Van een Duitser verneemt Louis dat op de radio werd meegedeeld dat de oorlog gedaan is. Het is die dag 8 mei 1945. Als er wapenstilstand is, dan zullen we wel over de brug mogen, denkt Louis. Niets van, geen papieren, geen overtocht.

Zijn vrienden geraken uiteindelijk wel over de brug, met een list. Normaal had die list ook voor Louis moeten werken, maar dan gebeurt er dit:

'Toen we echter bemerkten op welke wijze zij, (de gevangenen) die in groepen verdeeld werden, overgelaten werden, beraamden we een list. De Russen lieten namelijk vijf tot zes groepen ineens door. De leider

van de groep gaf het aantal op. Bij de doortocht moest ieder zijn papieren laten zien. We spraken af met enkele krijgsgevangenen die over vijf groepen verdeeld waren, dat ieder van ons de papieren van iemand van hen zou ontvangen en daarmee over de rivier trekken. Zodra één van ons over de brug was, zou hij de plaat poetsen en de papieren teruggeven aan zijn kameraden om hen dan door te laten. We spraken af dat indien we elkaar uit het oog zouden verliezen we elkaar terug zouden zien aan dat gebombardeerde huis dat van deze kant van de brug goed zichtbaar was. Door toevallige omstandigheden werd de groep waarin ik me bevond als laatste doorgelaten. Op de brug heerste tumult! Er bleven drie personen over die geen papieren hadden en die beweerden ze aan hun leider te hebben gegeven. Toen de persoon wiens papieren ik gekregen had, dit zag, deinsde hij terug voor de gevaren die er aan verbonden waren. Het gevolg was dat ik de papieren moest teruggeven. Toen de leider van de groep al zijn mannen die reeds over de brug waren, bijeen trommelde en hun papieren voorlegde, bleek alles in orde. De nummers die in het metalen plaatje geslagen waren dat aan een koordje bevestigd om de hals van de mannen hing, klopten met deze op de papieren. Omdat de Rus in feite zich misschien van het geval niet veel aantrok, maakte hij dan ook geen bezwaar en liet de nummers passeren. Of dacht hij misschien zich werkelijk te hebben misrekend? Ik bleef alleen achter. Van mijn kameraden was geen spoor meer te zien. Waarschijnlijk hadden zij zich verstopt. Met een beklemd gevoel trok ik terug naar mijn nachtverblijf. Over de rivier zwemmen ging niet. Er liepen te veel posten rond die onmiddellijk zouden schieten.'

Uiteindelijk geraakt ook Louis op eigen kracht over de Mulde. Hij bouwt als een volleerde scout een vlot en bedekt het met lisplanten, zodat het vlot een hoop drijvend lis lijkt. Hij kruipt onder het vlot in het ijskoude water, steekt zijn hoofd door het lis en drijft naar de overkant. Maar...

'Plots werd er geschoten! Mijn hart klopte me in de keel. Was deze kogel voor mij bestemd? Neen, want even later zag ik tegen de klaarte van de sterrenhemel een moment een afgetekende schim die met een grote sprong in de rivier terechtkwam en dit slechts op nagenoeg tien

meter van mij af! Nu was ik ook verloren! Of zouden de posten toch
niet kunnen zien dat het hier geen vlottend lis betrof? Onmiddellijk
nadat de vluchteling in het water terechtgekomen was, zwom hij met
forse slagen naar de andere oever. Wellicht ging het om een SS'er die
zich liever overgaf aan de Amerikanen dan aan de Russen. Met een
doffe plof vlogen de kogels gevaarlijk dicht tegen zijn hoofd in het
water; onmiddellijk gevolgd door de knal van de losbranding.
De ongelukkige zwom met alle kracht die in hem was voor zijn leven.
Hij moest in het duistere water een slecht mikpunt hebben gevormd
want geen enkele kogel die onophoudelijk op hem werd afgevuurd, trof
hem.

Toen gebeurde het! Op nauwelijks tien meter van de reddende oever
liet hij een schreeuw. Het vuile brakke water vulde zijn geopende mond
en vervormde zijn hulpgeroep tot een gorgelend geluid. Toen verdween
hij in de diepte. Het was inderdaad een Duitser omdat hij in het Duits
om hulp riep. Iemand die stervende is, gebruikt altijd zijn eigen taal.'

Louis bereikt de oever heelhuids. Hij is eindelijk bij de Amerikanen.

VERZAMELKAMP WÖRMLITZ

Nu begint zijn tocht naar huis pas echt. De repatriëring van de gevangenen is een immense onderneming voor de Amerikanen. De stroom van
burgers, krijgsgevangenen, politiek gevangenen, dwangarbeiders effici-
ent sturen. De operatie 'Terug naar huis' wordt een van de grootste
volksverhuizingen in de geschiedenis. De Amerikanen stellen daarvoor
uitgebreide logistieke schema's op om miljoenen mensen te registreren,
te huisvesten en te vervoeren. In totaal is sprake van elf miljoen ont-
heemden. Voor België gaat het om 298.132 gerepatrieerden.

Het valt Louis onmiddellijk op dat er talrijke borden langs de weg
staan met allerlei boodschappen. 'Verboden te stelen', bijvoorbeeld. Het
Russische motto 'we eigenen ons alles toe' blijkt aan deze zijde van het
front niet op te gaan. Maar het grote voordeel is wel dat de yankees alles
in het werk stellen om de bevrijde gevangenen naar huis te brengen.

Daar waren de Russen allesbehalve mee bezig. Lange treinen en colonnes met vrachtwagens worden ingezet, zelfs vliegtuigen nemen hen mee. Louis viert met de Amerikanen zijn tweede bevrijding, na die van de Russen. De whisky vloeit rijkelijk. Er is een overvloed aan sigaretten. Daar staat plots een legertje fotografen bij de groep van Louis. De foto's die ze van hem en zijn vrienden nemen, zullen de wereld rondgaan. Om iedereen te tonen wat die Duitsers met hen hadden gedaan. Maar er is te weinig eten bij de Amerikanen. Op dat vlak was het bij de Russen een rijkeluisleventje geweest. Louis leeft dus zuinig, want hij weet helemaal niet wanneer hij thuis zal zijn. Uiteindelijk geraakt Louis op een transport naar een verzamelkamp in Wörmlitz. In het kamp meldt hij zich op een kantoor. Hij komt op een lijst terecht om te worden gerepatrieerd. De heren achter de schrijftafels zien er 'goed gezond en wel in het vlees' uit. Hij vertrouwt het zaakje niet, het zijn Duitsers. Ze vragen hem waarom hij werd aangehouden. Louis antwoordt hun dat ze daar niets mee te maken hebben. Toch dringen ze aan, want ze moeten zeker weten of hij wel een politiek gevangene is.

'Kort en bondig legde ik de bureaucraten uit dat ik lak had aan hun opvattingen en dat ik zo wel als gelijk wie zou gerepatrieerd worden. Indien ze daaraan soms mochten twijfelen, konden ze eens komen zien wanneer die trein vertrok. Ik trok mijn vest open en sloeg met het plat van mijn hand op de holster van mijn "Luger". De eerste die zou trachten mij een haarbreed in de weg te leggen, zou daarmee kennis maken. Zij schenen deze klare taal te verstaan.
Dat onze achterdocht gerechtvaardigd was, bleek later toen we enkele van onze kameraden die die reden van hun aanhouding hadden vermeld, en die te veel hadden gezegd van hetgeen ze over sommige kampbeulen wisten, vermoord in hun barak vonden. We ontsprongen trouwens ook ternauwernood de dans.'

Er is amper nog plaats in het opvangkamp. Ze vinden nog een plek in een barak. Buiten trekt een grote stoet gevangenen voorbij, joelend en huilend. Ze dragen twee grote poppen vervaardigd uit stro, de ene verbeeldt Hitler, de andere Mussolini. Buiten het kamp worden twee palen in de grond geslagen en al snel hangen Hitler en zijn Italiaanse maatje aan een galg te bengelen. Onder luid gejoel, er wordt gevloekt en getierd, gefloten en gehuild. De dood met de strop was voor deze beulen nog niet erg genoeg. Er wordt stro en hout gehaald, en een bus benzine en een vuurtje doen de rest. Beide schurken gaan in de vlammen op. Wanneer de koorden van de galg doorbranden, vallen de poppen in de vuurzee en vliegen honderden oplichtende asdeeltjes in het rond. Plots wordt er geschoten, enkele gevangenen vallen neer. Een groepje fanatieke SS'ers heeft de verbranding gevolgd en koelt nu zijn woede op de gevangenen. Met luid loeiende sirenes komen de Amerikanen in hun jeeps aangestoven en overmeesteren de SS'ers. Ze worden in een kolenhok opgesloten. Enkele gevangenen laten het daar niet bij en trekken naar het hok. De SS'ers worden met knuppels bewerkt. Ze zijn niet meer te herkennen. Enkele SS'ers willen vluchten, maar worden ter plekke afgemaakt. De haat zegeviert. Een van de SS'ers wordt in de vuurpoel van Hitler en Mussolini gegooid. De stank van verbrand vlees verspreidt zich snel.

Op een ochtend voltrekt zich in het kamp bijna een drama dat het leven van Louis en zijn vrienden had kunnen kosten. Buiten is er lawaai van gevangenen. Ze springen uit hun bed en zien dat hun barak in brand staat. Louis vermoedt dat de Duitse pennenlikkers het op hen hebben gemunt. Ze wikkelen zich in hun dekens en gaan achter elkaar staan in de gang. De twee eerste gevangenen houden een matras voor zich. Zo geraken ze uit de vuurzee. Onderzoek wijst uit dat enkele Duitse soldaten en vrijwillige arbeiders die zich tussen de politiek gevangenen hadden verscholen om over de grens te geraken, achter de brand zitten. Enkele SS'ers worden meteen opgeknoopt.

OPVANGKAMP SACHSENHAUSEN

Louis moet naar een lange trein die hem naar huis zal brengen. Hij heeft zijn spullen bijeengepakt en kijkt uit naar dit grote ogenblik. In een colonne trekken ze naar de spoorweg. De locomotief staat puffend te wachten en blaast grote wolken stoom tussen de wielen de lucht in. Naar dit moment heeft hij zo lang uitgekeken. Eindelijk naar huis! De gevangenen hangen jolig uit de ramen en wuiven naar de Amerikanen die hen tot aan de trein hebben begeleid. Hun bevrijders. Het eentonige getok van de wielen doet hen snel in een diepe slaap vallen.

De trein stopt aan een volgend opvangkamp, waar ze moeten uitstappen. Ze zijn in Sachsenhausen, het voormalige concentratiekamp van de nazi's. Amerikaanse soldaten, meestal zwarten, brengen hun eten. Na het eten bezoeken ze als toeristen nog de tunnelwerken in de buurt waar zovelen van hun makkers het leven lieten.

Louis ziet veel vrouwen in de barakken van de Amerikanen glippen. Zij brengen liever de nacht door in de armen van hun bevrijders. Wat bij de Russen een schandelijke verkrachting is, wordt hier bevrijdende liefde.

De Amerikaanse legerleiding had haar soldaten in april 1944 bevolen zich tegenover de Duitse bevolking correct, maar nadrukkelijk 'onvriendelijk' te gedragen. Elke vorm van verbroedering was verboden. De soldaten mochten de Duitsers geen hand geven, niet met ze praten, geen enkele toenadering zoeken. In de richtlijnen aan de GI's werden de Duitsers als 'achterbaks, boosaardig en gevaarlijk' omschreven, 'onmensen' die heropgevoed moesten worden alvorens vertrouwelijke contacten mogelijk waren. Voor de Amerikanen bestond het grootste deel van de Duitsers uit fanatieke nazi's die zelfs in hun ondergang een groot gevaar vormden. Maar door die teruggetrokken en niet-gewelddadige houding merkten de Duitse vrouwen meteen het verschil met de Russische woestelingen. En de GI's vielen voor die mooie Duitse vrouwen. De VS-soldaten deelden chocolade en koekjes uit. En daarvoor wilden sommige Duitse vrouwen wel iets terugdoen: de bevrijdende liefde.

Niet alleen de Duitse vrouwen, ook de vrouwelijke gevangenen die net uit de concentratiekampen waren bevrijd, vielen voor de Amerikaanse soldaten, zo beschrijft Louis. Stak daar dan geen kwaad, zoals bij de Russen, in hetgeen die Amerikanen deden, zo vraagt Louis zich af? De daad was toch dezelfde? Maar hier willen de vrouwen het blijkbaar zélf, én er stond geen hele rij aan te schuiven. Alles gebeurde bij die Amerikanen in een zekere intimiteit, zonder het brute geweld van de Russen.

De meeste Amerikanen waren echter vreselijk ontgoocheld, zo moet Louis vaststellen, toen zij onder de bloezen van hun 'darlings'-gevange-

nen slechts 'het slappe overblijfsel vonden van hetgeen vroeger een goed gevulde vrouwenborst' was geweest. Zelfs de luizen van de ex-concentratie-
kampbewoonsters nemen de Amerikanen er graag bij. Luizen, nog zoiets.
Louis leerde ze in Buchenwald kennen, en ze zijn er nog altijd. Ze worden
dan ook geregeld met DDT-poeder bespoten. Louis denkt er het zijne van.

'Rond het sproeitoestel stond een groepje Amerikanen zogezegd toe te
kijken. Met onverschillige blikken keurden zij de op lege papierzakjes
lijkende borsten van de vrouwen die de borst moesten ontbloten om het
D.D.T.-poeder te laten binnendringen. Wanneer het dan toch gebeurde
dat een vrijwillige arbeidster een gevulde borst ontblootte, waren de
mannen er als de kippen bij om de Eva in kwestie alle snuisterijen en
lekkernijen aan te bieden. Lieflijk pratend troonden zij haar dan mee
in de richting van een barak waar beiden een nieuwe voorraad luizen
of vlooien gingen opdoen.
Mocht het dan verwonderlijk genoemd worden dat die vrouw negen
maanden later een zwartje het daglicht deed aanschouwen? Haar
"brave" man die zich al die tijd reeds op een nakend vaderschap
verheugd had, zal zoiets zeker als een koud stortbad aangevoeld
hebben. Hetgeen hij in Duitsland als vrijwillige arbeider uitgestoken
had, scheen hij vergeten te zijn. Zijn vrouw kreeg alle schuld en het
eindigde gewoonlijk hierop: dat beiden van elkaar weggingen. Zij
belandde dan meestal in een bordeel. Hij kwam in de meeste gevallen
wegens dronkenschap of diefstal in de gevangenis terecht.
De grote schuldige: de oorlogsstokers, werden dan niet eens meer
vernoemd. De vrouw was meestal de schuldige, zo beweerde men
althans. Zij had haar plichten tegenover haar man en haar
huishouden vergeten. De rechter die haar later voor 't een of 't ander
vergrijp zal moeten vonnissen, zou haar dan ook op die vergeten
plichten wijzen.'

*Zowel de Sovjets als de Amerikanen
onderhielden na de bevrijding relaties
met Duitse vrouwen. Soms zochten
de vrouwen hun gezelschap op om zich te
beschermen tegen geweld en verkrachting. (BPK-Bild Agentur)*

Het Amerikaanse leger marcheert door Münster (1945), een stad in puin. (BPK-Bild Agentur)

MÜNSTER

Van Sachsenhausen rijden Louis en zijn maten met vrachtwagens naar Münster. Onderweg wordt er gezongen. De zwarte Amerikaanse chauffeurs weten meteen dat hun passagiers 'hun stal ruiken'. En Louis moet het toegeven: Duitsland is een schoon land. De chauffeurs rijden echter als gekken en veel tijd om van het landschap te genieten, krijgen ze niet. 'Hirschgefahr'; 'Steinfalle'; 'Kürvenreiche Strecke', het kan de zwarte chauffeurs niets schelen. Ze geven plankgas. Wanneer ze een dorp passeren, laten de chauffeurs na een afgesproken teken hun uitlaat 'knallen', alsof er hevig wordt geschoten. En lachen dat die zwarten doen, met hun tanden zo wit en zo groot als van die Franse acteur Fernandel. Vooral omdat de nieuwsgierige burgers het hazenpad kiezen en zij verschrikt naar die zwarten kijken als ze zich lachend op de dijen kletsen en hun stuur daarbij loslaten. Straks worden we hier nog vermoord door onze bevrijders, denkt Louis.

Gelukkig bereiken ze Münster heelhuids. De stad is één puinhoop door de aanhoudende bombardementen. Een schreeuwerige Amerikaanse officier legt hun uit dat ze met de trein naar België gaan. Ze mogen niets meenemen, en dat valt dik tegen. Wie iets verbergt, wordt streng gestraft. Louis moet er heimelijk mee lachen. Daar staat dan je 'bevrijder' die al meteen met straffen dreigt. Voor zijn part: 'Vivat de Russen!' Bij hen mochten ze tenminste hun goesting doen. De braafste gevangenen geven alles af en bezorgen de Amerikanen een flinke oorlogsbuit. Louis negeert deze volgens hem onzinnige bevelen. Hij smokkelt zijn revolver en zijn mes mee de grens over.

Weer de trein op, in goederenwagons. En ze zijn weer overbevolkt, zoals tijdens die rit van Breendonk naar Buchenwald. Maar dit keer kan het hun niet schelen, want straks zijn ze thuis! Weer wordt er gezongen, de meeste gevangenen zijn Nederlanders en Belgen. Het Wilhelmus en de Brabançonne weerklinken als een kakofonie dooreen.

Onderweg ziet Louis door de spleten van de wagon een krijgsgevangenkamp voor Duitsers, omringd door prikkeldraad met verschrikkelijk veel tenten. Het kamp is één modderpoel, waar hier en daar een vuurtje brandt. Daarrond de in 'feldgrau' geklede Duitse krijgsgevangenen. 'Arme stumperds', denkt Louis. Tot waar had hun Führer hen toch maar geleid?

Zo bereiken ze de Rijn. De trein rijdt met een slakkengang over een gammele brug. Eenmaal over de brug ziet Louis de diepe tanksporen in het landschap. Hier is hevig gevochten. Onderweg wordt er gestopt om aan de menselijke behoeften te voldoen. Wat een raar beeld is dat: mannen en vrouwen met ontbloot achterwerk in een rij langs de trein.

VI
TERUG THUIS

'Gij zijt het niet! Gij zijt het niet.'

LUIK

Het is al ochtend als de trein de Belgische grens bereikt. Eindelijk, ze zijn op vaderlandse bodem. Langs de kant niets dan juichende mensen. Louis zwaait met zijn gestreepte muts en pinkt een traan weg. *'Sjonge, sjonge, was me dat een gewaarwording; burgers te zien die je toejuichen in plaats van stenen te gooien of u onverschillig te negeren.'* Hele hordes mensen lopen langs de trein mee als hij stapvoets rijdt. Ze omhelzen hun landgenoten die ze niet eens kennen en werpen hun sigaretten, snoep en andere lekkernijen toe. Iemand krijgt zelfs een bakje aardbeien, een glas melk of bier. Belgisch bier. Wat een festijn. Er wordt gelachen en geweend. Ze vragen die brave mensen telegrams naar huis te sturen om hun komst te melden. Louis geeft zijn adres om een telegram aan zijn ouders en zijn broer te bezorgen.

De trein rijdt weer met volle snelheid. Er worden adressen uitgewisseld om na thuiskomst elkaar te schrijven, om elkaar nog eens te zien. Louis ziet hoe Walen en Vlamingen verbroederen. *'Waarom kon het niet altijd zo zijn?'* vraagt hij zich af.

En dan zijn ze in Luik. Het is 22 mei 1945. Het Rode Kruis en de Luikenaars ontvangen hen met open armen. In een grote zaal krijgen ze warme soep met zwarte bonen. Niet te veel, want ze mogen zich niet dood eten. Als het avond wordt, stapt iedereen weer in een vrachtwagen met verschillende bestemmingen al naargelang van zijn woonplaats: Brugge, Gent, Antwerpen... Louis klimt in de vrachtwagen met lotgenoten die tussen Luik en Leuven wonen. Onderweg beleeft hij ontroerende taferelen. Hier wordt een vader afgezet, daar een moeder, een broer of een zus, een zoon of een dochter. Telkens staat er een pak mensen hoopvol uit te kijken, of zich bang af te vragen: *'Is die of die er bij?'*

Ze zitten nog met vijf in de vrachtwagen: Louis, Frans, Felix, Lucien en een vrouwelijke politiek gevangene. Als de vrouw op haar bestemming is, is Louis getuige van een schokkend tafereel:

'De vrouw woonde in het derde dorp dat we zouden passeren. Zij kon haar zenuwachtigheid niet meer bedwingen.

"Mijn man en mijn kinderen zullen zeker staan wachten", jammerde ze, "en het is al zo laat. Waarom hebben we onderweg toch zoveel tijd verloren. Zie dat ze denken dat ik niet meer kom of dat er me iets is overkomen." Zo praatte die vrouw maar steeds tegen ons uit zuivere zenuwachtigheid! Zij verkeerde in de mening dat haar familie haar telegram reeds ontvangen had.

"Mijnheer," zei ze tegen mij, "ge moest ze zien mijn kinderen, zo blozend, zo gezond en zo braaf! En mijn man: de goedheid zelve! Weet ge wat?... Stap even bij ons af en we drinken met de chauffeur nog een goed glas wijn, en dan kunt ge verder naar Leuven."

En toen kwam het grote ogenblik. De vrachtwagen stopte aan de ruïne van een huis. Ontsteld bekeek de vrouw de omgeving. "Mijn huis is weg", kreunde ze. "Mijn huis is weg!" En plots begon zij op haar kinderen en haar man te roepen. Een angstig vermoeden had zich van haar meester gemaakt. Er stond volk. Haar telegram was inderdaad toegekomen. Bereidwillige handen vingen haar op toen zij van de wagen sprong. En toen kreeg zij de genadeslag. Men poogde haar voorzichtig mee te delen dat haar man en al haar kinderen hun leven hadden gelaten bij het bombardement dat haar huis met de grond gelijk had gemaakt. "Oh was ik ook maar gestorven", weende de vrouw. "Waarom nu dat ook nog?" Medelijdende geburen ontfermden zich over haar.'

'Wie weet wat ik thuis ga vinden', denkt Louis na dit drama. 'Ik ben er bijna zeker van dat ze daar ook allemaal dood zijn. Wat gaat er dan met mij gebeuren? Wie gaat er dan voor mij zorgen?' 'Bakkes toe of ik klop er op', zegt Felix dreigend. Er wordt tijdens de rit niets meer gezegd.

Wat Louis op dat ogenblik niet weet, is dat hij als vermist is opgegeven. Zijn ouders en zijn familie vrezen zelfs dat Louis niet meer leeft. Die onzekerheid moet ondraaglijk zijn geweest. In zijn dossier bij de Dienst voor de Oorlogsslachtoffers bij het Cegesoma steekt een 'Aanvraag tot nasporing' op naam van de vader van Louis gericht op 21 november 1944 aan het Belgische Rode Kruis. Louis bevond zich toen in het werkkamp in Langenstein. Op de aanvraag staat een in potlood getekend rood kruis met daaronder een stempel met de datum 22 november 1944. Ging men ervan uit dat Louis dood was? Aan het einde van zijn geschrift 'Honger', in het volgende citaat, vertelt hij inderdaad dat er net voor zijn thuiskomst zelfs een begrafenismis gepland was. Hij kon erom lachen: *'Was ik wat later gekomen, dan had ik zoals Keizer Karel de Heilige Mis kunnen bijwonen die tot lafenis van mijn ziel opgedragen werd.'*

ROTSELAAR

In Leuven neemt Louis afscheid van zijn vrienden Frans en Lucien uit Herent. Later verneemt hij dat ze hun familie goed en gezond hebben aangetroffen. Hij en Felix komen uit hetzelfde dorp en worden vanuit Leuven met een personenwagen naar hun gemeente Rotselaar gebracht. Het is al nacht en er is geen kat in het dorp te bespeuren. De telegrams zijn blijkbaar niet aangekomen.

Louis durft niet meteen bij zijn ouders aankloppen uit vrees voor de schok van het plotse weerzien. Daarom belt hij aan bij zijn stiefbroer August Wittemans en zijn vrouw 'Fin', een honderdtal meter van zijn woonplaats. Niemand beter dan Louis zelf kan zijn thuiskomst vertellen.

'Toen mijn broer slaperig zijn kop door het raam stak en vroeg wat er mankeerde, herkende hij me niet. Eerst toen ik verduidelijkte wie ik was, kwam hij als waanzinnig in zijn vliegend vaan de trap afgelopen. In zijn haast om de deur te openen vond hij de sleutel niet. Ik hoorde hem vloeken als een ketter omdat hij de sleutel niet vond. Uiteindelijk bleek de sleutel... in het slot te zitten! Een seconde later lagen we in elkaars armen. Ook Felix werd omhelsd. Onmiddellijk daarop kwam mijn schoonzuster die in zeven haasten een peignoir aangetrokken had, de trap afgestormd met de broek van mijn broer in haar hand. Terwijl wij haar omhelsden, was mijn broer bezig in volle straat te

pogen zijn broek aan te trekken en dit ten aanschouwe van de geburen die door al dat lawaai ontwaakt waren, hun lichten hadden aangestoken en van uit hun venster kwamen kijken wat dat rumoer te betekenen had.

Toen mijn broer dan ook uitschreeuwde wat er gaande was, stond onmiddellijk de straat vol mensen die allemaal half gekleed waren en die poogden van met één hand hun broek dicht te knopen en met de andere mij de hand te drukken. Sjonge, sjonge, was me dat een affaire! Mijn broer belde aan bij mijn moeder. Ik hield me uit het zicht. Nauwelijks had de bel weerklonken of mijn moeder verscheen al in het raam. "Moeder. Goed Nieuws", riep mijn broer. Mijn moeder had echter al dat volk bemerkt en gauw gesnapt wat er gebeurde. Had mijn vader haar niet tegengehouden, dan was zij door het raam gesprongen. Enkele seconden later lagen we in elkaars armen.

Toen gebeurde er iets waaraan ik me allerminst verwacht had: "Gij zijt het niet! Gij zijt het niet" begon mijn moeder plots te roepen. Zij beleefde een geweldige zenuwcrisis!

Met afgeschoren haren en opgezwollen lichaam geleek ik inderdaad niet op de slanke, blozende zoon die de Gestapo haar had ontnomen. Gelukkig arriveerde op dat kritieke moment de vrouw van de hoofdonderwijzer, Jeannette, de vrouw van Jos Sas, de ouders van Julia. Een verstandige vrouw die wist hoe ze dergelijke situaties moest aanpakken. Bovendien was zij jarenlang bevriend met mijn moeder. Toen zij mijn moeder bijna gekalmeerd had, vroeg mijn moeder plots tussen haar snikken door: "Och God manneke toch, en hebben ze u ook geslagen?"

Een nieuwe inzinking vrezend, antwoordde ik: "Bijlange niet. Nog geen slagske heb ik gehad!"

Mensen, mensen, tot welke verwikkelingen dat antwoord nog aanleiding zou geven, ondervond ik eerst de volgende dagen. Het volk was eenvoudig verontwaardigd omdat ik beweerd had geen slagen gekregen te hebben. De massa was inderdaad op sensatie belust. Hoe gruwelijker de verhalen, hoe intenser de aandacht en hoe groter het medelijden. Het was onbegrijpelijk van waar plots al dat volk gekomen was. Het hele huis zat stampvol.

"Marie", zei Felix tot mijn moeder. "Hij is nu thuis. Nu ga ik zien of ik ze thuis ook zal wakker krijgen." Na deze woorden vertrok ook Felix.

Langs alle kanten werden me sigaretten aangeboden. Lachend ledigde ik mijn zakken. Ik kon bijna een sigarettenwinkel openen.

Toen moest ik vertellen.

"Van wat?" vroeg ik. "Van Mieke en Janneke?"

"Neen, neen," riep het volk ongeduldig, "vertel ons wat ge meegemaakt hebt."

"Beste mensen", zei ik. "Dat zijn zaken waar ik liever niet meer over spreek. Maar ik zal u vertellen wat ik na de bevrijding bij de Russen meegemaakt heb."

En toen vertelde ik de humoristische voorvallen die in dit boek reeds beschreven zijn. Er werd gelachen dat de tranen over de wangen liepen.

"Kunt gij Russisch spreken?" vroeg er iemand.

"Da Da Ja govariou pa Ruski" (Ja Ja ik spreek Russisch), antwoordde ik. "Oe vas jest papirossi?" ging ik verder.

Toen de aangesprokene mij onnozel en onbegrijpend aankeek, verklaarde ik: "Dat betekent: hebt gij sigaretten?"

"Ah vi chouritsjè troubka" (Ah gij rookt de pijp), zei ik tegen iemand die een pijp aan het roken was.

Vol bewondering keek iedereen me aan. Op dit ogenblik besefte ik dat er slechts een geringe kennis van iets nodig was om tegenover een publiek dat van die zaken geen verstand had, een hele piet te schijnen. Een weinig grootspraak was voldoende.

"Hij spreekt beter Russisch dan Vlaams", beweerde 's anderendaags mijn oude gebuur die noch lezen noch schrijven kon. "Want van zo lang in Rusland te zitten, is hij van zijn Vlaams veel vergeten", voegde hij er aan toe.

De brave man! Hij verkeerde in de mening dat ik in Rusland gezeten had!

In haar moederlijke bezorgdheid vroeg mijn moeder telkens of ik niet te moe werd van dat gepraat. "Neen", antwoordde ik. "Maar ik zou wel iets willen eten."

Wat later zat ik in de keuken achter een klein spiegeleitje en een fijn gesneden boterhammeke.

"Zie toch maar dat ge niet te veel ineens eet", jammerde mijn moeder maar steeds.

"Maar mens," zei ik, "dat ge dat allemaal bijeen moest zien hetgeen we sinds de bevrijding al binnengespeeld hebben. Ge zoudt stom staan!" In één hap stak ik het ei in mijn mond en frommelde het brood mee naar binnen zodat mijn wangen bol stonden.

"Maar jongen toch", riep moeder. "Wat doet ge nu? Dat zijn toch geen manieren?"

"Oh menske", suste ik. "Ik was het vergeten dat dat onbeleefd is. Maar het was toch ook zo'n klein hapje. Kluts maar alvast enige eieren in de pan met enkele dikke stukken spek. Anders zal ik nog verhongeren en..."

Hier zweeg ik. Ik had namelijk iets gevoeld! Zou het mogelijk zijn dat ik nog met luizen zat? Ah neen hé! Straks zat ons heel huis nog vol van dat ongedierte!

Vliegensvlug opende ik mijn broek en liet mijn speurende blik door het uitschietende haar glijden. Met een luide gil rende mijn moeder uit de keuken.

"Och God, och God", jammerde zij tegen de aanwezige mensen. "Die geneert zich voor niets meer!"

Op dat ogenblik werden er verschillende telegrams ineens afgegeven. Alle zonder onderscheid meldden dat ik ging arriveren. Die brave Waalse mensen hadden woord gehouden. Ik was de telegrambesteller echter een uur voor! Er werd hartelijk gelachen.

Toen vertelde men mij dat teruggekeerde gevangenen verteld hadden dat ik dood was. Dat ik mijn twee benen kwijt geraakt en door de honden verscheurd was. Het andere bericht luidde: dat ik gevlucht was maar door de honden gepakt en opgegeten!

Er werden juist voorbereidselen getroffen om een plechtige Heilige Mis op te dragen tot lafenis van mijn ziel. Was ik wat later gekomen, dan had ik zoals Keizer Karel de Heilige Mis kunnen bijwonen die tot lafenis van mijn ziel opgedragen werd.

Ik vroeg me af hoe al die geruchten zich konden verspreiden. Van degenen die met mij in Halberstadt verbleven hadden, was er hoogst waarschijnlijk iemand voor ons thuisgekomen. Toch school er in ieder verhaal een tikje waarheid. *Het verhaal over benen die zogezegd "verpletterd" waren door een instorting in de tunnel, was gegroeid tot een "verlies" van mijn benen.*

Dat ik gevlucht was en door honden achtervolgd, was ook waar. Maar dat ik door de honden zou opgegeten zijn? Waarschijnlijk hield dit verband met mijn vlucht in het kamp voor Koetcher en het feit dat deze laatste zijn hond achter mij aangezet had.

"Maar gij komt er toch nog goed voor", *zei één van de aanwezigen.*

"Gij schijnt toch niets te kort gehad te hebben?"

"Inderdaad", *antwoordde ik.* "Ik kom er nog goed voor. *Er zijn sukkelaars die er erger aan toe zijn dan ik. Menselijke wrakken die misschien nooit meer zullen kunnen werken."*

"Hoeveel zoudt gij nu wegen?" *replikeerde de weetgierige persoon.*

"Raad eens", *tergde ik.*

"Zeventig kilo", *antwoordde de andere prompt.*

Ik werd gewogen en te licht bevonden! De weegschaal duidde 53 kg. aan!

"Potverdekke," *liet ik me ontvallen,* "ben ik dan al 15 kg. bijgekomen? *Op 30 dagen 15 kg. Dat maakt me dus na een jaar 182 kg. meer",* lachte ik. "Een goed varken profiteert nog niet zo goed als ik."

Iedereen moest lachen.

"Woogt ge dan maar 38 kg. meer bij de bevrijding?" *wou iemand weten.*

"Ja man," *zei ik,* "dat schijnt zoal het gewicht te zijn van een mens zijn knoken en ingewanden."

En dan moest ik weer vertellen hoe we bij de Russen gesmuld hadden.

"Ik zou ook willen meegemaakt hebben wat gij beleefd hebt", *zei er iemand.* "Maar op voorwaarde er geen nadelige gevolgen van te behouden", *voegde hij er wijselijk aan toe.*

Die was goed! Feitelijk was hetgeen die kerel daar verkondigde de naakte werkelijkheid. Na onze thuiskomst werden we inderdaad met medelijden omringd. Toen later de regering bepaalde vergoedingen uitbetaalde, veranderde dat medelijden in afgunst bij een zekere categorie mensen, maar dat is toekomst en we zullen afwachten wat die nog zal uitwijzen.

*Tegen de morgen kroop ik dan ook in mijn bed. Kraaknette lakens en
een zachte matras. En slapen dat ik deed. Gelijk een roos! Ik vond het
onnozele praat dat sommige makkers later vertelden dat zij bij hun
thuiskomst op de vloer geslapen hadden omdat zij geen bed meer
gewoon waren!
Flauwe kul, zeg ik.
Toen ik 's morgens wakker werd, liet moeder me weten dat er beneden
een hele hoop mensen zaten te wachten om me welkom te heten.
"Goed," zei ik, "maar... is er niets te eten?"*

*Eenmaal beneden werd het een hartelijk weerzien met de vrienden. Er
werden handen geschud, en al de mooie meisjes van het dorp kwamen
me kussen, sjonge dat was een leven!
Er werden bloemen gebracht, cadeautjes afgegeven, speeches
afgestoken en wat weet ik allemaal.
De dokter arriveerde en onderzocht me. Hij gaf een geleerde naam
voor het feit dat ik zo opgezwollen was. "Dat komt van onder de grond
te werken", verduidelijkte hij. "Als ge nu acht dagen rustig blijft zitten
met uw benen op een stoel, dan zal het water wegtrekken", zei hij, "en
dan zult ge een heel ander uitzicht krijgen. De dokter had gelijk. Ik
nam toe in gewicht en verminderde in omvang! Dat was zoals met die
opening in de haag. Hoe harder de haag groeide, hoe kleiner de
opening werd!
En zo kreeg ik meer bezoek. En telkens moest ik hetzelfde vertellen.
Toen mijn moeder dan ook zo ver op de hoogte was dat ze wist dat ik
slagen gekregen had, was ze met de feiten al "vertrouwd" geraakt en
kon ik vrijuit spreken. En wonder boven wonder, het volk scheen
iemand meer te waarderen wanneer hij beweerde slagen gekregen te
hebben!'*

VII
DE SCHULDVRAAG

'Louis Van Meel loopt in mijn weg.'

DADERSCHAP

Christophe Busch is de gewezen directeur van het museum Kazerne Dossin in Mechelen. Nu leidt hij het prestigieuze Hannah Arendt Instituut, ook gevestigd in Mechelen. Het instituut is een platform waar kennis verzameld wordt over onder andere radicalisering in de samenleving. Criminoloog en historicus Busch geeft bijzonder boeiende lezingen en schreef een boek over het daderschap en de mechanismen erachter: hoe is het mogelijk dat mensen bepaalde zeer erge misdaden tegen de mensheid, meer specifiek voor de Tweede Wereldoorlog tegen bijvoorbeeld de Joden of verzetslui, hebben kunnen plegen? Wie heeft hen zover gekregen? Hoe geraakten ze zo ver? Hoe kan een mens een ander mens zoiets extreems aandoen? Iemand wordt volgens Busch een dader na wat hij omschrijft als 'een duivelse transitie'. Je wordt niet van vandaag op morgen een nazimoordenaar of een verklikker van verzetsmensen. Het gaat om een evolutie. Vooral het wereldbeeld met de goeden en de slechten speelt een belangrijke rol in het vormen van het daderschap. Ook elementen zoals 'bevel is bevel', de ontkenning van de mens of de groepsdynamiek beïnvloeden potentiële daders.

Na het bijwonen van een lezing van Busch vroeg ik me af: wie kon een zeventienjarige man zoals Louis dit aandoen? Ik moest met andere woorden op zoek naar de verantwoordelijken. Ik wou hun motieven kennen. Ik wilde weten waarom Louis 'dit' had moeten meemaken.

Feiten onderzoeken die bijna tachtig jaar geleden gepleegd zijn, is natuurlijk niet simpel. De rechtstreekse betrokkenen zijn er niet meer. En kun je om een dader aan te wijzen je beroepen op mondeling overgeleverde bronnen? 'We hebben altijd horen zeggen dat het die of die was', lijkt me niet voldoende. Gelukkig worden de gerechtelijke dossiers van honderden collaborateurs in België in het Rijksarchief in Brussel bewaard. Dat is vandaag onze belangrijkste bron om op zoek te gaan naar de daders. In zo'n dossier vind je de beslissing over de straf van de veroordeelde en de motivering van de rechter, de feiten zelf, de verslagen van de ondervragingen van de daders, de slachtoffers of hun nabestaanden, en de getuigen, de bewijstukken van de daden enzovoort.

DE BURGEMEESTER-FÜHRER

In 1943, als Louis wordt opgepakt, is Gabriel Wuyts burgemeester van Rotselaar. Hij is sinds november 1942 door de Duitse bezetter als burgemeester van het VNV, de collaboratiepartij Vlaams Nationaal Verbond, aangesteld. Hij werkt openlijk samen met de nazi's en is vooral bedreven

Tweede van rechts, Gabriel Wuyts, de oorlogsburgemeester van Rotselaar en propagandaleider van het VNV in het arrondissement Leuven, tijdens een feest naar aanleiding van een herdenking voor gewonde Vlaamse oostfrontstrijders op 11 juli 1943 in het Duitse militair hospitaal (Kriegslazaret, College De Valk in de Tiensestraat) te Leuven, met boven zijn hoofd het hakenkruis. (Dossier Krijgshof Brussel (7/6/1947) van Gabriel Wuyts – Algemeen Rijksarchief 2 Brussel Depot Joseph Cuvelier)

Gabriel Wuyts als oorlogsburgemeester in Rotselaar van 1942 tot 1944: door zijn besluit tot de sluiting van het café van de ouders van Louis zette hij de familie Van Meel meteen op de radar van de Gestapo. (Archieffamilie Gabriel Wuyts)

in het ter beschikking stellen van bevolkingslijsten aan de Duitse bezetter om inwoners op te sporen die verplicht naar Duitsland moeten gaan werken, het begeleiden van rijkswacht en Gestapo bij het oppakken van werkweigeraars in zijn gemeente... Hij heeft bovendien een rechtstreekse lijn met de gevreesde Duitse politiedienst, de Gestapo, van Leuven. Die lijn zal voor Wuyts vooral een 'kliklijn' worden.

Na de oorlog loopt Wuyts dan ook tegen de lamp. Hij wordt door een verzetsman opgepakt en na zijn proces voor de Leuvense krijgsraad tot levenslange dwangarbeid veroordeeld, een straf die vooral het gevolg is van zijn verklikkingsactiviteit. Op zijn proces voor de krijgsraad in Leuven op 19 september 1946 ontkent Wuyts alles. Na zijn veroordeling vraagt hij zelfs via genadeverzoeken strafvermindering aan. Hij komt vrij op 31 oktober 1951. (De levenswandel van Wuyts deed ik al grondig uit de doeken in mijn boek *De zaak van de zwarten. Een kasteelgijzeling uit de Tweede Wereldoorlog*, Leuven, Davidsfonds Uitgeverij, 2017.)

DE AANSLAG

Hoe komt Wuyts in het leven van Louis? In de nacht van 10 op 11 mei 1943 omstreeks 23.45 uur vinden in het centrum van Rotselaar twee aanslagen plaats. Er worden granaten gegooid naar het Vlaams Huis aan het kerkplein, waar het VNV geregeld vergadert. Bij een tweede aanslag is de woning van burgemeester Gabriel Wuyts aan de Dorpsstraat 224 het doelwit. Wuyts zit dan met zijn broer Arthur in de keuken. Plots wordt er iets door het raam van de achterkeuken gegooid. Arthur wordt in de hals gewond. Beiden vluchten naar de voorplaats. Enkele seconden later ont ploft de boel. Er sneuvelen twee keukenramen en de inboedel is zwaar beschadigd. Arthur komt er met wat schrammen in zijn hals van af. Gabriel is ongedeerd. Ook de ouders Wuyts, die boven sliepen, mankeren niets. Moeder Wuyts ziet door het raam nog wel twee of drie mannen wegvluchten, richting het station van Rotselaar.

Burgemeester Wuyts gaat na de aanslag meteen intens op zoek naar mogelijke daders. Daarbij laat hij vooreerst zijn oog vallen op het café van de familie Van Meel. De dag na de aanslag al, op 11 mei 1943, roept hij zijn schepencollege samen en wordt er op zijn initiatief – hij is ook hoofd van de politie – beslist om het café van de ouders van Louis vanaf 14 mei voor drie maanden te laten sluiten. Als een aanwezige schepen hem vraagt waarom het café dicht moet, antwoordt Wuyts 'dat hij daar persoonlijke gronden voor heeft', wellicht verwijzend naar de recente aanslag op zijn leven. Wuyts zal later op zijn proces voor de krijgsraad verklaren dat het om een 'voorzorgsmaatregel' ging om 'de rust en de orde in het dorp te herstellen en de veiligheid te verzekeren'. Ter verdediging zal hij ook aanvoeren dat de Duitsers na de aanslag wilden overgaan tot het oppakken van gijzelaars in het dorp, en dat wou hij absoluut vermijden. Op die 'persoonlijke gronden' wil Wuyts tijdens zijn verhoor na de oorlog niet verder ingaan. Hij beroept zich daarbij op de 'geheimhouding van de vergaderingen van het schepencollege'...

Frans, de broer van Louis, laat het hier niet bij en trekt naar de Brabantse provinciegouverneur om te protesteren tegen de sluiting van het café van zijn ouders. Zijn demarche lukt, want op 1 juni 1943 beslist de gouverneur verrassend genoeg om het sluitingsverbod te heffen. Het café gaat op 8 juni weer open. Maar niet voor lang: zeven uur na de heropening beveelt de Duitse *Kommandantur* in Leuven om het café opnieuw te sluiten tot 20 augustus 1943. Volgens het bevel van de *Kommandantur: 'da in Rotselaar bereits verschiedene Attentate erfolgt sind und der dringende Verdacht besteht, dass diese in der Gastwirtschaft des Van Meel besprochen und vorbereitet werden.'* De Duitse bezetter koestert dus sterke vermoedens over de daders van de aanslagen, die hun exploten in het café van Van Meel zouden hebben voorbereid.

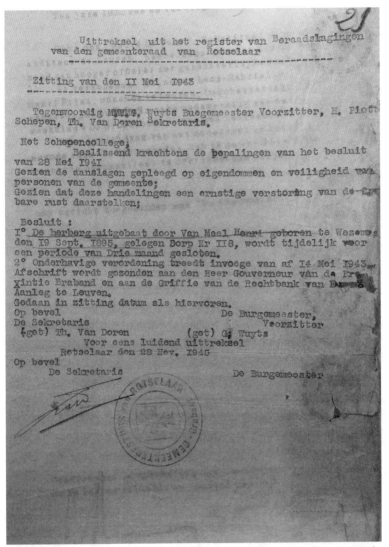

Uittreksel uit het register van Beraadslagingen
van den gemeenteraad van Rotselaar

Zitting van den II Mei I943

Tegenwoordig MM.G. Wuyts Buegemeester Voorzitter, H. Piet
Schepen, Th. Van Doren Sekretaris.

Het Schepencollege,
        Beslissend krachtens de bepalingen van het besluit
van 28 Mei I94I
Gezien de aanslagen gepleegd op eigendommen en veiligheid van
personen van de gemeente;
Gezien dat deze handelingen een ernstige verstoring van de
bare rust daarstellen;

Besluit :
I° De herberg uitgebaat door Van Meel Henri geboren te Wezem
den I9 Sept. I895, gelegen Dorp Nr II8, wordt tijdelijk voor
een periode van Drie maand gesloten.
2° Onderhavige verordening treedt invoege van af I4 Mei I943
Afschrift wordt gezonden aan den Heer Gouverneur van de Pr
xintie Braband en aan de Griffie van de Rechtbank van E
Aanleg te Leuven.
Gedaan in zitting datum als hiervoren.
Op bevel   De Burgemeester,
De Sekretaris   Voorzitter
(get) Th. Van Doren   (get) G. Wuyts
            Voor eens luidend uittreksel
        Rotselaar den 28 Nov. I945
Op bevel
    De Sekretaris   De Burgemeester

De beslissing van 11 mei 1943 van het schepencollege van Rotselaar om het café van Van Meel
te sluiten. (Dossier Krijgshof Brussel (7/6/1947) van Gabriel Wuyts – Algemeen Rijksarchief 2
Brussel Depot Joseph Cuvelier)

```
Kreiskommandantur
 -Verwaltung-                          Löwen,den 19.Juni 1943
Az. III pol 311
```

P o l i z e i v e r f ü g u n g !

Gegen den Gastwirt Henri Van Meel in Rotselaar wird auf Brund
der Verordnung über Polizeiverfügungen der Kommandanten
vom 22.5.40 zum Schutze der öffentlichen Sicherheit und Ordnung
die Schliessung der Gastwirtschaft des Van Meel bis zum 20.8.43
angeordnet,da in Rotselaar bereits verschiedene Attentate erfolgt sind und der dringende Verdacht besteht,dass diese in
der Gastwirtschaft des Van Meel besprochen und vorbereitet wer-
den.Bei Verstoss gegen diese Polizeiverfügung werden eine
Zwanghaft von 4 Wochen und ein Zwangsgeld von 3000.-bfrs.fest-
gesetzt werden.
Gegen diese Polizeiverfügung kann binnen 24 Stunden nach Zu-
stellung bei der Kreiskommandantur Beschwerde eigelegt werden.
Die Beschwerde hat keine aufschiebende Wirkung.

                          Der Kreiskommandant
                                I.V.

                          W.get. Onleesbaar

                          Kriegsverwaltungsrat

Overhandigd aan vrouw Van Meel H.
den 20 Juni 1943 te 17 u 50
    De Veldwachter,

Het bevel van 19 juni 1943 van de Kommandantur van Leuven om het café van de familie
Van Meel te sluiten. (Dossier Louis Van Meel statuut politiek gevangene – Algemeen
Rijksarchief 2 Brussel Depot Joseph Cuvelier)

Door de sluiting van het café geeft burgemeester Wuyts alvast meteen aan wie hij van de aanslag verdenkt: de familie Van Meel. Maar zeker is Wuyts niet, harde bewijzen heeft hij niet, dus gaat de zoektocht naar de daders voort. De volgende maanden worden op zijn initiatief talrijke arrestaties verricht en verhoren afgenomen. Met op menselijk vlak dramatische gevolgen. Als bewijs van de onverdroten ijver en de nietsontziende hardnekkigheid van oorlogsburgemeester Wuyts wordt hierna op twee gevallen dieper ingegaan.

HORROR IN DE KELDER VAN DE RIJKSWACHT

Wuyts heeft goede relaties met de *Sicherheitsdienst,* zowel in Leuven als in Brussel, en met de *Kommandantur* in het Leuvense justitiepaleis. Hij gebruikt deze Duitse 'vrienden' voor zijn verdere zoektocht naar de daders van de aanslagen.

De eerste door Wuyts geviseerde uit de familie Van Meel is niet Louis, maar zijn oudere broer Frans, ook actief in het verzet. Net na de aanslag heeft Wuyts op straat een gesprek met Frans over de sluiting van het café. Wuyts wijst hem op zijn verantwoordelijkheid voor de orde en de rust in het dorp. Volgens de getuigenis van Frans, opgenomen in het dossier van de krijgsraad, zegt Wuyts letterlijk: 'Wat uzelf betreft, gebeurt er ooit nog iets in het dorp tegen het VNV, dan wordt gij daarvoor verantwoordelijk gesteld; ik zal u dan neerschieten in de straat als een dolle hond. Kan ik het niet, dan doen mijn volgelingen het wel. Ten slotte heb ik nog de Duitsers om u aan over te leveren; die hebben alle middeltjes om u te doen spreken en om alle veiligheid te garanderen, kan ik u nog laten fusilleren.' Wuyts zal die doodsbedreigingen aan het adres van Frans Van Meel op zijn proces ontkennen. De angst slaat Frans na deze niet mis te verstane bedreiging wel om het hart en hij duikt voor een tijdje onder. Na de aanslag is de familie Van Meel geen onbekende meer bij de Duitse inlichtingendienst in Leuven. Daarvoor heeft Wuyts gezorgd.

Voor een van de mannen die na de aanslag worden opgepakt, eindigt het heel dramatisch. Op 16 augustus 1943 wordt landbouwer en lid van de verzetsgroep de Witte Brigade-Fidelio, Henri Leempoels uit Rotselaar, op de Grote Markt in Sint-Truiden aangehouden. Hij logeert er met zijn verloofde in een hotel. Ze staan op het punt te trouwen. Wuyts is, volgens Leempoels' verklaring later aan een medegevangene in Breendonk, in de buurt tijdens de arrestatie. Leempoels is gewapend, wat bij zijn aanhouding niet in zijn voordeel speelt. Op zijn proces ontkent Wuyts alles en schakelt hij zelfs als getuige zijn kleermaker uit het West-Vlaamse Langemark in: op de dag van de arrestatie van Leempoels is Wuyts, die weldra ook zou trouwen, volgens eigen zeggen bij zijn kleermaker om er zijn trouwpak te passen, en niet in Sint-Truiden. (Ik beschreef een en ander uitvoerig in *De zaak van de zwarten.*) Leempoels wordt opgesloten in het kamp van Breendonk. In december 1943 krijgt hij er het gezelschap van Louis. Leempoels vertrekt er met het konvooi van Louis van 6 mei 1944 naar Buchenwald. Hij krijgt er het nummer 48641. Op 10 juli 1944 verhuist Leempoels naar het concentratiekamp Mauthausen. Daar overlijdt hij op vijfentwintigjarige leeftijd op 19 maart 1945 aan zijn ontberingen.

Op 25 augustus 1943 in de namiddag rijdt Victor Nijs uit Holsbeek met een kar volgeladen met graan door Rotselaar. Plots stopt er een auto, drie gewapende mannen in burgerkledij springen eruit. Nijs, die afkomstig is van Rotselaar, moet de handen in de lucht steken en wordt achter in de auto geduwd. Daar zit burgemeester Wuyts met zijn revolver in de aanslag. Wanneer hij ziet dat Nijs geen weerstand biedt, steekt hij zijn wapen weg. De auto scheurt dan weg, richting Leuven. Daar wordt Nijs in de gebouwen van de rijkswacht aan de Bondgenotenlaan in een kelder gegooid. 's Nachts wordt hij opnieuw in een auto geduwd en tot zijn eigen verbazing naar het huis van de burgemeester in Rotselaar gereden. Intussen is Ivonne Vandeborne, de vrouw van Victor Nijs, met haar schoonvader Guillaume Nijs en haar schoonbroer Frans Nijs, naar de woning van de burgemeester gereden om te zien wat er met haar man Victor aan de hand is. Na een tijdje arriveert Wuyts daar met enkele leden van de Gestapo en Victor. Wuyts beveelt Frans, de broer van Victor, in de auto te stappen. Hij mag niets tegen zijn broer Victor zeggen. Blijkbaar heeft Wuyts de verkeerde Nijs laten oppakken. Niet Victor maar Frans moest hij hebben. Victor wordt vrijgelaten en mag naar huis. Frans herkent de mannen van de Gestapo meteen. Een drietal dagen eerder had hij hen in de omgeving van zijn woonst al zien rondlopen. Nu slaan ze hem in de boeien en rijden zij en Wuyts met hem richting Leuven. Hij wordt er in de kelder van de rijkswacht gegooid. Dan begint voor verdachte Frans de hel. Hij wordt door dezelfde Gestapo-leden uit de kelder gehaald en boven in de kantoren ondervraagd, in het bijzijn van Wuyts. Frans wordt er onder meer van beschuldigd de aanslag te hebben gepleegd op de woning van Wuyts en op het Vlaams Huis in Rotselaar. Frans ontkent alles. Hun antwoord? Een pak slaag. Wuyts laat Frans verstaan dat ontsnappen niet meer mogelijk is: 'Gij zijt een slimme kerel, maar gij zult ons niet ontsnappen, en wij zullen met geweld wel bekomen hetgeen wij van u willen weten of verlangen. En de Duitsers nog meer.' Na die woorden beginnen de Gestapo-mannen te schoppen en te slaan. Ze schoppen Frans in zijn buik. Hij valt op de grond en ze trekken hem bij zijn haren opnieuw recht. Dan slaan ze hem met hun blote hand op zijn mond. De tanden van Frans vallen er als knikkers uit. Het bloed spat in het rond. Een Gestapo-lid grijpt hem bij de keel zodat Frans bijna stikt. Dan wordt hij even onder bewaking van enkele rijkswachters in een kamer gestopt. Na een tijd begint de ondervraging opnieuw. Wuyts spreekt weer dreigende taal: 'We zullen u in een school stoppen, en zelfs een goede school, waarvan gij nooit meer zult terugkomen.' Wuyts verwijst hiermee naar wegvoering naar een concentratiekamp. Maar de Gestapo geeft het blijkbaar op, want om zes uur de dag nadien mag Frans naar huis.

VERKLIKKING

Louis moet zich toch dikwijls hebben afgevraagd wie er nu achter zijn aanhouding zat? Hoe kwamen de Duitsers bij hem terecht?

Louis was in het verzet, hij wist wat hij voor het verzet deed en dat dit een uiterst gevaarlijke bezigheid was die wel eens tot een aanhouding zou kunnen leiden. Dat hij werd aangehouden moet voor hem op zich dus geen verrassing geweest zijn. Wel het tijdstip. De aanslag op de burgemeester vond plaats op 10 mei 1943, de maanden nadien volgden de hierboven vermelde ondervragingen door de Gestapo op aangeven van Wuyts, en pas op

23 december 1943 werd Louis, zonder enige zichtbare voortekenen, aangehouden. Waarom toen? De rol van burgemeester Wuyts in de aanhouding van Louis is onomstotelijk bewezen, zo oordeelt ook de rechter die Wuyts voor de verklikking van Van Meel levenslang geeft. Er is de niet te ontkennen rechtstreekse daad: het sluiten van het café van de ouders van Louis. Daardoor maakt Wuyts de familie Van Meel verdacht en brengt haar op de radar van de Gestapo in Leuven.

Ook zijn broer Frans is er altijd zeker van geweest dat de burgemeester verantwoordelijk was voor de arrestatie van Louis. Hij baseert zich hiervoor onder andere op het volgende. Frans legt na de oorlog op 4 oktober 1944 aan het gerecht een verklaring af waarin hij meldt dat op 24 december 1943, de dag na de aanhouding van Louis, burgemeester Wuyts tegen de Rotselaarse gemeentebediende en tevens eigenaar van een plaatselijke drukkerij Charles Vandeput en tegen de Rotselaarse hulpveldwachter Jef Van de Goor op het gemeentehuis zou hebben bevestigd: 'Ik was er bij als ze Van Meel Louis gehaald *(opgepakt)* hebben.' Die woorden zou Vandeput overigens herhaald hebben tegen de schoonbroer van Frans Van Meel nadat Wuyts na de bevrijding in september 1944 werd gearresteerd. Frans vroeg Vandeput en Van de Goor om die verklaringen op papier te zetten, maar Vandeput antwoordde hem dat 'indien zulks nodig was ik dit wel zou doen bij de rijkswacht...'

Na de aanhouding van Louis (op 23 december 1943) was Wuyts een tiental dagen afwezig (de kerstvakantie was toen begonnen...) Bij de terugkomst van Wuyts trok Vandeput zijn verklaringen aan Frans Van Meel plots in, aldus Frans in zijn verklaring van 4 oktober 1944 aan het gerecht. Wellicht onder druk van Wuyts, die als burgemeester de baas was van gemeentebediende Vandeput. Eveneens ontkende Vandeput hetgeen hij tegen Frans ook nog zou hebben gezegd, meer bepaald wat Wuyts over Louis Van Meel werkelijk dacht: 'Louis Van Meel loopt in mijn weg.' In een latere getuigenis voor het gerecht zou Vandeput verklaren dat hij 'zich niet meer kon herinneren' dit tegen Frans te hebben gezegd. Ook hulpveldwachter Van de Goor, eveneens een ondergeschikte van Wuyts, ontkende in een latere getuigenis voor het gerecht dat Wuyts tegen hem zou hebben gezegd dat hij bij de arrestatie van Louis aanwezig was. Conclusie van Frans: 'Uit deze twee verklaringen leid ik af dat het Wuyts was die mijn broeder aan de Duitsers overleverde.'

Aan het gerecht vertellen gemeentebediende Vandeput en hulpveldwachter Van de Goor inderdaad een ander verhaal dan wat Frans had gehoord. Vandeput verklaart aan de rechter dat hij Wuyts in de gemeenteburelen tegen hulpveldwachter Van de Goor hoort zeggen 'dat hij het was die de inlichtingen gegeven had voor de aanhouding van Van Meel', maar niet dat hij bij de arrestatie van Van Meel zelf aanwezig was. De Rotselaarse hulpveldwachter verklaart zelf voor het gerecht dat op de dag na de wegvoering van Louis (24 december 1943) hij op het gemeentehuis tegen Wuyts zei: 'Deze nacht zijn zij *(de Duitsers)* weer op ronde geweest. Ik zei nog tegen hem *(Wuyts)*: "Zij hebben er ook meegenomen." Wuyts antwoordde mij daarop: "Ja, het waren Russen die de aanhoudingen gedaan hebben, want zij zijn bij mij nog binnen geweest om adressen en inlichtingen te vragen."' De hulpveldwachter vertelt dit later ook in het café aan vader en moeder Van Meel. Wuyts ontkent alles op zijn proces.

Was Wuyts bij de arrestatie van Louis Van Meel nu aanwezig of niet? Na de oorlog duikt de naam van een getuige op die zag dat Wuyts inderdaad aanwezig was tijdens de arrestatie van Louis en zijn vrienden. In zijn dossier ter erkenning als politiek gevangene zegt Van Meel daar op 29 oktober 1948 in een verklaring het volgende over: 'De rechtstreekse aanleiding van mijn gevangenhouding ken ik niet. Ik maakte echter deel uit van de NKB sedert maart 1941 en had een betrekkelijke bedrijvigheid in die beweging o.a. hielp ik mede aan het vervoer van wapens en munitie. Ik haalde die uit het munitiedepot te Sint-Joris-Weert, voor het opslaan van een depot te Rotselaar. Ik deed dit onder bevel van Kapitein Wittemans *(Petrus August Wittemans, de plaatselijke bevelhebber van de NKB in Rotselaar, en schoonbroer van Louis)*, die onder bevel stond van Majoor Simon *(Théo Simon, een van de oprichters van de NKB in Aarschot)*. Door het feit dat ik nog jong was, ging dit het meest onopgemerkt voorbij. Na een zekere tijd kwamen er ook andere leden van het verzet aan huis voor het doorgeven van inlichtingen, zodat dit op de duur niet meer onopgemerkt kon voorbijgaan en ik in de gemeente bekend stond als een Witte Brigademan. Bij mijn aanhouding heb ik zelf niet gezien dat de oorlogsburgemeester van Rotselaar, Wuyts, aanwezig was bij de autocamion die ons oplaadde. Verbeke *(het gaat hier om Théophile Verbeek, in het verhaal 'Felix', die tijdens dezelfde nacht als Louis thuis werd opgepakt in de Torenstraat, buiten het centrum van Rotselaar, richting Wezemaal)*, die na mij werd aangehouden, heeft hem echter herkend toen hij bij de autocamion gebracht werd, daar Wuyts op dat ogenblik in het licht stond der koplampen. Ik denk dan ook dat Wuyts, die op de hoogte moet geweest zijn van de weerstand van Rotselaar en van mijn bedrijvigheid in de weerstand, mij verraden heeft aan de Duitsers. Wuyts werd voor dit feit ten andere veroordeeld door de Krijgsraad. Ik meen dan ook dat de aanleiding van mijn aanhouding rechtstreeks ligt in de bedrijvigheid die ik gehad heb in de NKB.'

Er was dus een getuige die Wuyts tijdens de arrestatie van op zijn minst een van zijn vrienden had gezien... Verbeek werd tijdens het proces-Wuyts nooit ondervraagd. In het strafdossier van Wuyts is geen enkel spoor van zijn getuigenis te vinden.

Na het sluiten van het café gaan Louis en zijn broer Frans gewoon door met hun verzetsactiviteiten. Intussen neemt in de streek de verzetsterreur in de loop van 1943, vooral van de partizanen, extreme vormen aan, met bomaanslagen, sabotage en het vermoorden van collaborateurs. Dit leidt tot een heftige tegenreactie van de Duitse bezetter, die almaar succesvoller is in het breken van het verzet, dankzij onderzoek, het verzamelen van informatie en een netwerk van verklikkers. In deze verklikkingsgolf is het best mogelijk dat iemand anders, buiten Wuyts, ook op de hoogte was (of was geraakt) van de activiteiten van Louis, het vervoeren van wapens en sabotage, en hem heeft verklikt. De Duitse bezetter loofde namelijk fikse geldsommen uit aan verklikkers die nuttige informatie konden verstrekken. Is Louis onvoorzichtig geweest bij het rekruteren van nieuwe leden voor de NKB? Werd hij na de aanslag op de burgemeester door de *Sicherheitsdienst* geschaduwd en betrapt? Of werd hij het slachtoffer van een lukrake arrestatie? De Duitse bezetter pakte door middel van een razzia vaak grote groepen verdachten, ook onschuldigen, op om toch maar zeker te zijn dat de dader erbij was. En ten slotte is het niet uitgesloten dat Louis, na de sluiting van het café, op een lijst van gijzelaars terecht is gekomen. Voor de *Sicherheitsdienst* en de Gestapo, en blijkbaar ook voor Wuyts, was het oppakken van Louis duidelijk voldoende om de familie Van Meel de rest van de oorlog met rust te laten. Voor Wuyts had de familie Van Meel blijkbaar haar tol betaald.

PARTIZANEN AAN HET WERK

Maar wie pleegde die aanslag op de burgemeester dan wel? Was Louis echt onschuldig?

Wuyts krijgt tot zijn grote verbazing in juli of augustus 1944, dus net voor de bevrijding, tijdens een gesprek bij de *Sicherheitsdienst* aan de Vital Decosterstraat in Leuven te horen dat de daders van de aanslag al meer dan zes maanden bekend zijn. Wuyts verneemt er het verhaal van partizaan Frans 'Sus' Vleugels, codenaam bij het verzet: 'Firmin'. Hij leidt een bataljon partizanen met verzetsmannen uit Linden, Lubbeek, Kessel-Lo, Kortrijk-Dutsel en Nieuwrode. Op 20 december 1943 loopt Vleugels tegen de lamp tijdens een Duitse razzia te Linden (nu de gemeente Lubbeek). Vleugels gaat zonder veel druk door de knieën en reikt de Gestapo ruim tweehonderdvijftig namen van verzetsmannen op een zilveren presenteerblaadje aan. Zijn accuraatheid is huiveringwekkend en de typistes bij de Gestapo kunnen zijn opsomming van namen bijna niet bijhouden. Firmin geeft alles prijs: de verslagen van alle acties waarbij hij betrokken is geweest, de echte namen van de verzetsmannen, hun codenamen, hun adres, hun schuilplaats en hun opdrachten. Hij gaat zelfs in de auto van de Gestapo mee om de huizen van de verzetslui aan te wijzen. Het is een van de zwartste bladzijden in de geschiedenis van het verzet van de Leuvense partizanen. Vleugels zelf wordt naar Breendonk gestuurd, gaat met Louis mee op transport naar Buchenwald. In de loop van 1944 wordt hij door medegevangenen bij de armen en benen vastgenomen en omhoog gegooid. Ze laten hem keer op keer als een lappenpop op de grond vallen, tot hij de geest geeft.

De Duitsers gaan na de bekentenissen van Vleugels meteen tot de actie over en organiseren reeds op 21 en 23 december 1943 een grootscheepse razzia in de streek rond Leuven. Ze pakken daarbij met succes honderden verzetsmannen op. Louis werd op 23 december opgepakt. Stond Louis misschien ook op de lijst van Vleugels? Om die vraag te beantwoorden moeten we naar het Cegesoma in Brussel, waar het archief van Louis Van Brussel, codenaam 'Jean', commandant van het Leuvense partizanenkorps en communist, bewaard wordt. Daarin steekt een omstandig verslag van de aanhouding door de Duitsers van 'Firmin' Vleugels. Interessanter in dit verslag van partizaan 'Achilles' (codenaam voor Vic Goossens, adjunct-commandant van de sector Vlaanderen) is een opsomming met namen van aangehoudenen als gevolg van de verklikking door Vleugels. Na enkele namen te hebben vermeld, geeft de verslaggever aan: 'Er zijn er natuurlijk veel meer maar die absoluut door mij niet gekend zijn.' Onder punt nummer '30' van zijn opsomming staat vervolgens: 'Coeriers en sympath. uit Herent, Wijgmaal-Wilsele-Rotselaer'. Het gaat over koeriers, verzetsmannen en -vrouwen die meestal gecodeerde geschreven boodschappen overbrengen, of wapens, rantsoenzegels of voedsel aan ondergedokenen bezorgen. 'Sympathisanten' verwijst naar leden van andere verzetsorganisaties dan de partizanen. De verzetsgroepen hadden onderling contact en wisselden informatie uit. In het sluikblad *Vrij Volk* van de NKB, dat vanaf maart 1943 maandelijks verschijnt, is er zelfs een redactioneel *Hoekje van de Partizanen* voorbehouden. Ook werkten de partizanen met de NKB samen om bijvoorbeeld rantsoenzegels te verdelen. Louis was zo'n koerier en geen lid van de partizanen, maar van de NKB. Het is dus goed mogelijk dat ook Louis door Vleugels, die blijkbaar over veel informatie beschikte, gekend was en verraden werd.

Uit het archief van Van Brussel kan ook worden opgemaakt *wie* de aanslag op de woning van Wuyts en het Vlaams Huis in Rotselaar heeft opgeëist. De acties van de Leuvense partizanen bereiken in mei 1943 een hoogtepunt met bomaanslagen en het neerschieten van collaborateurs, en wellicht paste de aanslag tegen de Rotselaarse burgemeester in die reeks van verzetsacties. In een getypt document met de titel 'Uitgevoerde werken vanaf Januari 1943' (bedoeld wordt 'verzetsacties') staat naast de datum 10 mei 1943 te lezen: '2. De V.N.V. burgemeester van Rotselaar krijgt eveneens een handgranaat in zijn woning. Zijn broeder ook V.N.V. wordt gekwetst. Uitgevoerd: 3 Comp.' Een duidelijk bewijs dat de Leuvense partizanen de aanslag bij Wuyts opeisen. Een volgende actie vermeldt: '3. In het Vlaams huis te Rotselaar wordt een handgranaat binnengesmeten. Toevallig niemand aanwezig. Zware schade werd aangericht. Uitgevoerd: 3 Comp.' Ook de aanslag op het Vlaams Huis, het VNV-lokaal, schrijven de partizanen dus op hun conto. Maar wie is '3 Comp.'? Vanaf januari 1943 krijgen de Leuvense partizanen onder de leiding van Van Brussel een nieuwe structuur, met vier nieuwe compagnies. De Derde Compagnie, 'Lambert', staat onder de leiding van commandant Germain De Becker, codenaam 'Gerard', een beroepsofficier uit Herent. Zijn adjunct luistert naar de naam... Frans Vleugels, alias 'Firmin'. De man dus die later dat jaar tientallen verzetsmannen zou verraden. Op 6 april 1944 wordt de moeder van de door de Duitsers gezochte Gerard in zijn plaats aangehouden als gevolg van de verklikking van Vleugels. Ze wordt uit het vrouwenkamp van Ravensbrück bevrijd, maar overlijdt in een Zwitsers sanatorium. Zijn vader, die ook wordt aangehouden, overleeft Breendonk en Buchenwald. Gerard, die de Duitsers aanvankelijk maar niet te pakken krijgen, was bij verschillende acties van de partizanen in de streek van Rotselaar betrokken. Op 30 mei 1944 pleegt hij al vluchtend, net voor de Duitsers hem willen vatten, zelfmoord.

Conclusie: Louis had niets te maken met de aanslagen.

'VADERLANDSE EN ONBAATZUCHTIGE BEDRIJVIGHEID'

Na zijn thuiskomst in mei 1945 is Louis een gebroken man. Zijn moeder moet hem opnieuw opvoeden, leren deftig te eten en te drinken, niet meer te vloeken in huis. In de eerste dagen na zijn thuiskomst vindt hij op zijn lichaam nog luizen. Louis kleedt zich in het bijzijn van zijn ouders in het café gewoon uit 'om ze te pakken'... De 'ontmenselijking' van de nazi's heeft hem zwaar getekend. Na enkele weken mag hij opnieuw 'onder de mensen komen' en kan hij zijn humaniorastudies aan het Leuvense atheneum verderzetten en beëindigen. Zijn dochter Nelly koestert een foto van haar vader in zijn gevangenispak. Hij draagt zijn kampmuts en een korte jas met grote zakken en grote knopen, jassen die je nog wel meer ziet op foto's van bevrijde gevangenen uit Langenstein. Links op zijn borst staat zijn kampnummer en de rode omgekeerde driehoek met de 'B', het

Louis Van Meel in zijn gevangenispak na zijn thuiskomst. (Archief Nelly Van Meel)

Louis met zijn moeder, die na zijn thuiskomst even zijn gevangenisjasje heeft aangetrokken. (Archief Nelly Van Meel)

teken van politiek gevangene uit België. Op een andere, wat grappige foto heeft zijn moeder zijn kampmuts en zijn jas aangetrokken. Louis omarmt haar en kijkt haar lief aan. Moeder Van Meel beleeft blijkbaar veel plezier aan die gekke kledijwissel.

Louis maakt na zijn thuiskomst zijn humaniorastudies aan het Leuvense atheneum af en hij ziet ook zijn lief Angèle terug. Hij trouwt later met deze dochter van de veldwachter van Werchter en ze krijgen twee kinderen, een zoon en een dochter. Op hun trouwfoto kijken ze elkaar recht in de ogen, weg van de lens, Louis, volledig in zijaanzicht, met een blik van 'dit komt goed', Angèle neemt hem bij de arm en haar gezicht verraadt een ingehouden maar intens geluk. Op haar linkerarm rust haar bruidsboeket met witte anjers.

Zoals velen van zijn lotgenoten zoekt Louis na de vreselijke oorlogsjaren naar afleiding, wellicht bij wijze van therapie, om de ellende uit de kampen te verdringen en om van die verdomde vreselijke nachtmerries te

Na de oorlog trouwt Louis met Angelina 'Angèle' Van Roost, de dochter van een veldwachter. (Archief Sabine Van Meel)

worden verlost. Zijn Duitse kwelduivels uit het verleden die van tijd tot tijd in zijn dromen opduiken, maken van hem geen gemakkelijke man. Over zijn oorlogsverleden vertelt hij weinig of niets aan zijn kinderen. En als hij praat, verlopen de gesprekken heel moeizaam. Louis komt zelden het huis uit. Als zijn vrouw en de kinderen voor zijn verjaardag in een restaurant een etentje organiseren, blijft hij alleen thuis. Als Angèle eens voor een paar dagen met vakantie gaat, zet ze in de ijskast voor hem wat eten klaar, mooi verpakt in bewaardozen van Tupperware. Het hoeft alleen maar in de microgolfoven opgewarmd te worden. Bij haar thuiskomst treft ze alle dozen onaangeroerd aan. Louis heeft van zijn lievelingskost, sardienen met een boterham, geleefd. Angèle is boos op hem: 'Ge kunt uit een kamp ontsnappen, maar hoe ge een microgolf moet aan krijgen, weet ge niet...' Louis trekt de schouders op en loopt weg. Hij gaat nooit op reis, zeker niet naar Duitsland. Uitgezonderd voor het huwelijk in Keulen van de zoon van zijn stiefbroer August en voor een toeristische reis met zijn vrouw, August en diens vrouw. Nooit bezoekt hij de plekken waar hij zoveel leed heeft moeten doorstaan. Hij sluit zich vaak op en stort zich op zijn vele hobby's. Hij is een schermliefhebber, hij maakt bogen en wordt kampioen in het boogschieten op de liggende wip: verschillende bekers prijken in zijn trofeekast. Hij gaat ook graag vissen en observeert de natuur. Aan een vijver in Werchter zit hij uren naar het water te kijken, terwijl hij zijn pijp rookt. Louis houdt van dieren en vooral van zijn trouwe hond, die altijd in zijn buurt is. Hij spijkert via de Assimil-cursussen zijn Russisch bij. Louis doet mee aan staatsexamens en kan bij de belastingdienst aan de slag. Hij zal als inspecteur voor de Belgische fiscus werken tot aan zijn pensioen.

Na zijn thuiskomst gaat Louis ook op zoek naar zijn erkenning als oorlogsslachtoffer. In 1948 werd een Raad van de Weerstand opgericht. Die raad moest nagaan wie een echte verzetsman of -vrouw geweest was en welke verzetsorganisaties door de Belgische Staat konden worden erkend. Zo'n 140.000 personen zullen na de oorlog als gewapend weerstander erkend worden. Ruim 41.000 verzetslui krijgen het statuut van politiek gevangene, bijna 14.000 postuum omdat ze in Duitse gevangenissen en kampen vermoord zijn of door ontbering gestorven.

Voor een verzetsman of -vrouw was het zaak om aan te tonen dat hij of zij wel degelijk zijn of haar leven tegen de nazi's in de waagschaal had gesteld. Zo krijgt Louis zijn erkenning als politiek gevangene op 10 september 1948 van een 'aanvaardingscommissie'. Maar dat gaat niet zonder slag of stoot. Op 19 oktober 1948 tekent de minister van Wederopbouw beroep aan tegen deze beslissing met als reden: 'Het is niet bewezen dat de reden der aanhouding ligt in een vaderlandse en onbaatzuchtige bedrijvigheid.' Louis verdedigt zich voor de beroepscommissie en zet in een brief over de omstandigheden van zijn aanhouding nog eens de puntjes op de i: 'Ik meen dat de aanleiding van mijn aanhouding rechtstreeks ligt in de bedrijvigheid die ik gehad heb in de NKB.' Wellicht heeft de aanvankelijke weigering van de erkenning van Louis te maken met het feit dat de verzetsgroep NKB een verdediger was van koning Leopold III, die tijdens de oorlog in onmin leefde met de Belgische regering in Londen. Dat heeft na de oorlog voor gevolg dat de NKB bij de uit Londen teruggekeerde Belgische regering niet meteen goed aangeschreven staat, en als verzetsorganisatie niet dadelijk erkend wordt. Uiteindelijk krijgt de groep, na fel

Louis kreeg voor zijn verzetsdaden niet minder dan veertien medailles.
(Archief Nelly Van Meel)

protest van de NKB, toch een beperkte erkenning in de provincies Brabant, Antwerpen en Oost-Vlaanderen. Die erkenning is noodzakelijk om het statuut van politiek gevangene te verkrijgen met de daaraan verbonden financiële voordelen. Het wantrouwen van de Belgische regering tegenover de NKB was pijnlijk voor de families van de NKB-verzetslieden die in de oorlog waren omgekomen, en een kaakslag voor hen die na veel ontberingen terug thuis waren en op erkenning en respect rekenden.

Pas op 11 juli 1949 heeft Louis dus zijn definitieve erkenning op zak op basis van het feit dat hij meer dan dertig dagen achtereenvolgend werd opgesloten, dat hij zware mishandelingen heeft ondergaan en dat 'zijn aanhouding wel degelijk een rechtstreeks gevolg was van zijn vaderlandse en onbaatzuchtige bedrijvigheid als weerstander van de NKB'. Voordien, op 29 januari 1948, had Louis al een andere erkenning gekregen, namelijk die van 'gewapend weerstander'. Ook daarvoor moest hij bewijzen dat hij vóór 5 juni 1944 lid was van een verzetsorganisatie, en aantonen welke verzetsdaden hij had verricht. Een controlecommissie gaf opnieuw haar zegen. Er werden getuigen opgeroepen, onder wie zijn commandant August Wittemans van de NKB en medegevangenen. Aan beide statuten houdt Louis een pak medailles over, veertien in totaal, waarvan de belangrijkste zijn: de Medaille van de Weerstand, het Kruis van Politiek Gevangene 1940-1945 met drie sterren, het Kruis van de Ontsnapten, de Herinneringsmedaille van de Oorlog 1940-1945 met twee gekruiste sabels, de Erkentelijkheidsmedaille van de NKB, en de Zilveren en Bronzen Erkentelijkheidsmedailles van de Weerstand. Ze hangen bij dochter Nelly aan de muur. Zijn gestreepte gevangenismuts wordt ook nog altijd door de familie bewaard.

De laatste jaren van zijn leven brengt Louis in een rusthuis door, eerst in Rotselaar, dan in Lille, een gemeente tussen Turnhout en Herentals. Dat is niet echt naar zijn zin. Hij eet er niet graag 'op commando' samen met de andere rusthuisbewoners, hij vindt het eten maar niets en de vragen van de quiz zijn voor hem te gemakkelijk. Als ze hem tijdens zo'n quiz vragen welke stad de hoofdstad van België is, stapt hij kwaad op en gaat naar zijn kamer om een lekkere Duvel te drinken. Louis overlijdt er op 26 juni 2012. Hij is dan zesentachtig jaar geworden. Na zijn begrafenis-

Het bidprentje van Louis Van Meel. (Archief Sabine Van Meel)

dienst wordt zijn stoffelijk overschot gecremeerd en op het kerkhof van Rotselaar uitgestrooid. Enkel een verguld naamplaatje herinnert nog aan zijn overlijden.

Op zijn bidprentje staat een tekst van Toon Hermans:

> *De laatste uren voor het einde,*
> *Dan wordt de grote wereld klein,*
> *Is plotseling alles onbeduidend,*
> *Tot aan het laatste beetje pijn.*
> *Wat wij zo indrukwekkend vonden,*
> *Verliest zijn glans, verliest zijn zin,*
> *Maar achter gesloten ogen,*
> *Glanst een gigantisch groot begin.*

DANKWOORD EN VERANTWOORDING

Het zou Louis ongetwijfeld veel plezier hebben gedaan dat zoveel mensen hun schouders onder dit boek hebben gezet. Graag wil ik hen allen van harte bedanken. Om te beginnen de hele familie van Louis: onder anderen zijn kinderen Rik en Nelly, zijn petekinderen Sabine en Bruno, zijn neef Michel Van Meel, die ons Louis wat beter leerden kennen. Ik dank ook Geneviève Valkenaers, een buurmeisje van Louis, die het verhaal vertelde over haar vader die in de nacht dat Louis werd opgepakt nog net de benen kon nemen.

Ik ben veel dank verschuldigd aan het College van procureurs-generaal, dat mij toeliet het strafdossier van de militaire krijgsraad van Gabriel Wuyts in te kijken. Met de hulp van Koen Aerts, professor aan de Universiteit Gent, en Fabrice Maerten van het Cegesoma vond ik de weg naar alle archieven die noodzakelijk waren om de historische context rond het verhaal van Louis vorm te geven. Sandra Webers van de Arolsen Archives, het internationaal centrum voor de studie van nazivervolgingen, in het Duitse Bad Arolsen, loodste mij door de bijzonder waardevolle archieven van het kamp van Buchenwald. Ook de mensen van het Rijksarchief in Brussel ben ik bijzonder dankbaar: Gert De Prins, Filip Strubbe, Johannes Van De Walle. Nico Theunissen hielp me bij het onderzoek van de archieven van het kamp van Breendonk. Historicus en gewezen conservator van de Mechelse Dossinkazerne Ward Adriaens toonde me de weg in de geschiedenis van de verzetsbewegingen. Ik dank ook onderzoeker Steven Vitto van het US Holocaust Memorial Museum in Washington voor de foto's en de film van het werkkamp van Halberstadt-Langenstein.

Een bijzonder woord van dank wil ik richten tot de Duitse fotograaf en kunstenaar Pierre Dietz, die mij unieke foto's, zelfs in 3D, ter beschikking stelde van het werkkamp van Langenstein-Zwieberge.

Ik ben uitgever Toon Horsten en zijn medewerkers bijzonder erkentelijk omdat zij mij steunden bij het publiceren van dit boek.

Ten slotte dank ik mijn vrouw Christel Hendrix, die als eerste lezer waardevolle correcties en aanvullingen aanbracht.

***

Op dit dankwoord sluit ten slotte mijn verantwoording aan. Er zijn haast geen getuigen meer om over de gruwel van de Tweede Wereldoorlog te vertellen. Hun verhalen zijn uitgedoofd. Als er dan nieuwe verhalen, zoals je ze leest in het voorliggende boek, opduiken, moeten ze worden bekendgemaakt.

Net na de oorlog leek niemand nog geïnteresseerd in wat mensen als Louis in de kampen hadden meegemaakt. Men keek zelfs enigszins neer op wat de verzetsmannen en -vrouwen in de oorlog hadden 'uitgespookt'. Het scheelde soms niet veel of ze werden als slachtoffers in het hokje van de daders ondergebracht. Want waren er door hun verzetsacties ook geen onschuldige slachtoffers gevallen? En de overlevende getuigen zelf zwegen liever over de verschrikkingen die ze hadden meegemaakt. Het verleden werd uitgewist. Men was oorlogsmoe.

Stilaan veranderde dat. Er werden getuigenissen verzameld, en plekken zoals het kamp van Breendonk en de Dossinkazerne in ons land, en de vele concentratiekampen in het buitenland, denk maar aan Buchenwald, Dachau, Mauthausen of Auschwitz, zijn gelukkig nog te bezichtigen. In boeken, documentaires en speelfilms kreeg de oorlog de volle aandacht die hij verdiende. Recent is er bij historici ook meer aandacht voor de geschiedenis van het Belgische verzet. Er is gelukkig een hele cultuur van herinnering en herdenking ontstaan. Vooral de educatieve aanpak via schoolbezoeken is van groot belang om de nieuwe generaties te waarschuwen voor de gevolgen van extreme en verderfelijke regimes.

De Vlaamse schrijver Jeroen Olyslaegers, auteur van onder meer de verfilmde oorlogsroman *Wil*, verwoordt het treffend in de inleiding op het beklijvende boek van advocaat Jos Vander Velpen over het kamp van Breendonk, dat ik ook voor dit onderzoek raadpleegde: 'Voor mij betekent herdenken dat we ervan uitgaan dat deze gruwel morgen opnieuw zou kunnen gebeuren en dat we vooral onszelf niet al te veel moeten vertrouwen. Dat is de morele kern van een terugblik. Pas dan, hoe pijnlijk en confronterend ook, zijn we aan het herdenken.' Olyslaegers heeft helaas gelijk. De wereld is lang niet verlost van het oorlogsleed. In 2022 viel Rusland Oekraïne aan en kwam de oorlogsgruwel zelfs tot aan onze voordeur. En welke oorlogsterreur ontstond er in 2023 niet in Gaza? Het zegt veel over de mensheid, die blijkbaar nooit leert uit haar fouten uit het verleden. Het klopt dat we onszelf niet al te veel mogen vertrouwen...

Toen ik dit boek schreef, las ik *De zaak 40-61*, waarin de Nederlandse auteur Harry Mulisch verslag uitbrengt over het proces in 1961 van de nazimoordenaar Adolf Eichmann in Jeruzalem. Het is een van de meest magistrale werken over de nazicriminelen die na de Tweede Wereldoorlog nog konden worden berecht. Mulisch zegt dat Eichmann hem van veel heeft genezen: van vrijblijvende verontwaardiging bijvoorbeeld, maar ook van veel zorgeloosheid. 'Ook een zekere waakzaamheid heeft hij mij bijgebracht, mijn ogen zijn iets verder opengegaan.' Voortdurende waakzaamheid, je ogen openhouden, dat is het doel van de laatste getuigenissen van oorlogsslachtoffers zoals Louis Van Meel.

Het zal een voortdurende uitdaging blijven: een manier vinden om die verhalen nooit meer te vergeten en steeds in de spiegel te kijken om te zien of we nog wel te vertrouwen zijn, of we nog wel waakzaam genoeg zijn. Daarom is historisch onderzoek naar de onmenselijke gevolgen voor de duizenden slachtoffers van de Duitse bezetting tijdens de Tweede Wereldoorlog, vooral van de verzetslieden in België, een plicht. Daarom zijn verhalen zoals dat van Louis zo belangrijk. Ze mogen niet verloren gaan.

CHRONOLOGIE

23 december 1943 Louis Van Meel wordt opgepakt in zijn ouderlijke woning in Rotselaar door de Gestapo. Hij wordt overgebracht naar het *Auffanglager* van Breendonk.

6 mei 1944 Louis vertrekt naar het concentratiekamp van Buchenwald.

8 mei 1944 Louis komt aan in Buchenwald. Hij verblijft er in het 'kleine kamp' in quarantaine.

6 juni 1944 Landing in Normandië.

7 juni 1944 Louis vertrekt naar het werkkamp Langenstein-Zwieberge in Halberstadt.

20 juli 1944 Aanslag op Adolf Hitler. Hij overleeft het.

3 september 1944 Brussel wordt bevrijd.

5 september 1944 Rotselaar, de woonplaats van Louis, wordt bevrijd.

16 december 1944 De Duitsers beginnen aan het offensief in de Ardennen.

7 maart 1945 De Amerikanen trekken over de Rijn.

1 april 1945 Het Amerikaanse 1ste en 9de Leger voltooien de omsingeling van het Ruhrgebied.

8 april 1945 Louis vertrekt vanuit het kamp in Langenstein op dodenmars.

11 april 1945 Amerikaanse troepen bevrijden het concentratiekamp van Buchenwald.

11 april 1945 De Amerikanen bevrijden de achtergebleven gevangenen in het kamp van Langenstein, waar Louis was vertrokken op dodenmars.

11 april 1945 Het Amerikaanse 9de Leger bereikt de rechteroever van de Elbe ten zuiden van Maagdenburg.

12 april 1945 De Amerikaanse president Franklin D. Roosevelt overlijdt. Hij wordt opgevolgd door Harry S. Truman.

12 april 1945	Het Amerikaanse 9de Leger steekt over een tien kilometer breed front de Elbe over.
15 april 1945	De Amerikanen staan aan de rivier de Mulde en veroveren de week nadien Halle en Leipzig.
16 april 1945	Begin van het Russische offensief om Berlijn te veroveren.
18 april 1945	Het Amerikaanse 9de Leger verovert Maagdenburg.
21 april 1945	Na zijn ontsnapping uit de dodenmars wordt Louis in Zahna opnieuw opgepakt door Duitsers.
23 april 1945	Louis wordt in Prülitz door de Russen bevrijd. Hij zet zijn tocht verder via Listerfehrda, Globig, Schnellin en Merkwitz.
25 april 1945	Russische en Amerikaanse manschappen ontmoeten elkaar bij Torgau aan de Elbe.
29 april 1945	Adolf Hitler trouwt in zijn bunker in Berlijn met Eva Braun.
30 april 1945	Adolf Hitler pleegt zelfmoord.
2 mei 1945	Duitse troepen capituleren in Berlijn.
6 mei 1945	Louis gaat in Kemberg een brief afgeven. Een Duitser had hem gevraagd die brief aan zijn familie te bezorgen. Hij passeert Rotta en Radis.
7 mei 1945	In Radis bakken vier Duitse vrouwen voor Louis pannenkoeken. Dan gaat het naar Gräfenhainichen en Schlaitz.
8 mei 1945	Louis probeert over de rivier de Mulde, een zijrivier van de Elbe, te geraken.
8 mei 1945	Onvoorwaardelijke capitulatie van Duitsland tegenover de Sovjet-Unie en de geallieerden, meteen het einde van de Tweede Wereldoorlog.
9 mei 1945	Louis steekt de rivier de Mulde over en trekt verder via Halle, Wörmlitz, Sachsenhausen (waar hij in het voormalige concentratiekamp, op dat ogenblik een verzamelkamp voor gerepatrieerden, wordt opgevangen) en Münster naar Luik.

22 mei 1945	Louis komt met de trein aan in het station van Luik. Vandaar wordt hij met de auto naar Leuven gebracht, waar hij om 23 uur aankomt.
23 mei 1945	Louis komt iets na middernacht bij zijn ouders in Rotselaar aan.

BRONNEN

ARCHIEVEN

- Archief partizaan Louis Van Brussel (microfilm) – Cegesoma.
- Archief van de Nationale Koninklijke Beweging (NKB) – Algemeen Rijksarchief 2 Brussel Depot Joseph Cuvelier.
- Dossier Krijgshof Brussel (7/6/1947) van Gabriel Wuyts – Algemeen Rijksarchief 2 Brussel Depot Joseph Cuvelier.
- Dossier Louis Van Meel nr. 48639 (Buchenwald/Langenstein) – Arolsen Archives. International Center on Nazi Persecution Bad Arolsen (Duitsland).
- Dossier Louis Van Meel – Dienst Archief Oorlogsslachtoffers – Cegesoma.
- Dossier Louis Van Meel statuut politiek gevangene – Algemeen Rijksarchief 2 Brussel Depot Joseph Cuvelier.
- Dossier Louis Van Meel statuut gewapende weerstand – Algemeen Rijksarchief 1 Brussel.
- Dossier Louis Van Meel nr. 2550 (Breendonk) – War Heritage Institute Breendonk.
- Dossier werkkamp Halberstadt/Langenstein/Zwieberge – United States Holocaust Memorial Museum Washington:
  - Dossier Louis Van Meel nr. 48639
  - Film bevrijding Langenstein: https://collections.ushmm.org/search/catalog/irn1000794
  - Foto's bevrijding Langenstein: https://collections.ushmm.org/search/?utf8=✓&q=Langenstein&search_field=all_fields
- Privéarchieven van de families Frans en Louis Van Meel.
- Privéfotoarchief Pierre Dietz (Halberstadt/Langenstein/Zwieberge).
- Stiftung Gedenkstätten Buchenwald und Mittelbau-Dora. Fotoarchiv Buchenwald.

GESPREKKEN

- Ward Adriaens – 29 september 2022 (historicus).
- Bruno Leempoels – 30 november 2022 (kleinkind en petekind van Louis).
- Geneviève Valkenaers – 11 oktober 2022 (buurmeisje van Louis).
- Nelly Van Meel – 11 oktober 2022 (dochter van Louis).
- Rik (Henri) Van Meel – 9 december 2022 (zoon van Louis).
- Michel Van Meel – 18 maart 2023 (neef van Louis).
- Sabine Van Meel – 8 september 2022 (petekind en nicht van Louis).

GERAADPLEEGDE WERKEN

ADRIAENS W., *Partizaan Storms. Kroniek van de Partizanendetachementen van Boortmeerbeek, Hofstade, Muizen, Kampenhout en Putte en van Sectie K8 van de spionagelijn Bayard*, Mechelen, A. Editions, 2006.

ADRIAENS W., *Partizanenkorps 037. Kroniek van het Onafhankelijkheidsfront, Jeugdfront en Partizanenleger in de streek van Heist-op-den-Berg*, Berchem, EPO, 2005.

AERTS K., *Kinderen van de repressie. Hoe Vlaanderen worstelt met de bestraffing van de collaboratie*, Kalmthout, Polis, 2018.

AERTS K., e.a., *Was opa een nazi? Speuren naar het oorlogsverleden*, Tielt, Lannoo, 2017.

ARENDT H., *Eichmann in Jeruzalem. De banaliteit van het kwaad.* Vertaling W.J.P. Scholtz, Amsterdam, Olympus, 2005.

BEYEN M., 'Ideologisch engagement, lokale padafhankelijkheid en individuele keuzen. Het verzet in Wijgmaal tijdens de Tweede Wereldoorlog', *Belgisch Tijdschrift voor Nieuwste Geschiedenis*, jg. LII, nr. 1-2, 2022, p. 120-139.

BLES M., *Hortense Daman, meisje in het verzet*, Antwerpen, Manteau, 2022.

BURUMA I., *1945. Biografie van een jaar*, Amsterdam, Olympus, 2013.

BUSCH Ch., *De duivel in elk van ons, Van Holocaust tot terrorisme: hoe gewone mensen in staat zijn tot buitengewoon kwaad*, Gent, Borgerhoff & Lamberigts, 2023.

CORNELIS B., *Burgemeester in de Groote Oorlog. De dagboeken van Gaëtan de Wouters d'Oplinter en Maria Theresia Goethals (Rotselaar, 1914)*, Leuven, Peeters, 2014.

CORNELIS B., *De zaak van de zwarten. Een kasteelgijzeling tijdens de Tweede Wereldoorlog*, Leuven, Davidsfonds Uitgeverij, 2017.

CORNELIS B., *Hitler en de Belgen*, Leuven, Davidsfonds Uitgeverij, 2020.

COSTENS S., *Halt! Gestapo! Een studie van de Sipo SD Nebenstelle Leuven december 1943-september 1944*, Eindverhandeling tot het behalen van de graad van master in de geschiedenis aan de UGent, Gent, 2009-2010.

CRAB J. en VERREYDT H., *Resistere 1940-1945. N.K.B. Vlaams-Brabant + Vrij Volk*, Leuven, NKB Vlaams-Brabant, 1983.

DE BACKER E., *Franstalige inlichtings- en actiediensten in Vlaanderen tijdens WO II: de casus Leuven*, Masterproef tot het behalen van de graad van master in de geschiedenis aan de UGent, Gent, 2022-2023.

DÉSIRON F., *Van Breendonck naar Weimar*, Leuven, Ferdinand Désiron, 1945.

DE WEVER Br., *Greep naar de macht. Vlaams-nationalisme en Nieuwe Orde. Het VNV 1933-1945*, Tielt, Lannoo, 1995.

DEWEVER P., *De geheimen van het verzet. De vele geheimen en mythes van het verzet gedurende de Tweede Wereldoorlog*, Tienen, Aqua Fortis, 2002.

DEWEVER P., *Leuven en Oost-Brabant in de Tweede Wereldoorlog*, Tienen, Aqua Fortis, 2006.

FRIEDRICH J., *De Brand. De geallieerde bombardementen op Duitsland, 1940-1945*. Vertaald uit het Duits door Sander Hendriks, Amsterdam, Mets&Schilt, 2002.

HITCHCOCK W.I., *De bittere weg naar de bevrijding. Een nieuwe geschiedenis van de bevrijding van Europa*, Amsterdam, Uitgeverij Bert Bakker, 2009.

JACOBS I., *Freiwild. Das Schicksal deutschen Frauen 1945*, Berlijn, List Taschenbuch, 2009.

JÄHNER H., *Hoogteroes. Duitsland en de Duitsers tussen twee oorlogen.* Vertaald door Anne Folkertsma en Ralph Aarnout, Amsterdam-Antwerpen, Uitgeverij De Arbeiderspers, 2023.

JÄHNER H., *Wolfstijd. Duitsland en de Duitsers 1945-1955,* Amsterdam-Antwerpen, Uitgeverij De Arbeiderspers, 2021.

JÄHNER H., *Wolfszeit. Ein Jahrzehnt in Bildern 1945-1955,* Berlijn, Rowohlt, 2020.

KERSHAW I., *Tot de laatste man. Duitsland 1944-1945,* Houten-Antwerpen, Spectrum, 2011.

KOGON E., *De SS-Staat. Het systeem der Duitse concentratiekampen.* Vertaald uit het Duits door Fie Zegerius, Amsterdam, Amsterdam Boek, 1976.

LAMBRECHTS R., *Wij, Muselmänner. Een verhaal over de kampen.* Ingeleid door Ward Adriaens, Berchem, EPO, 1984 (eerste uitgave 1947).

LAPLASSE J. en STEEN K., *Bibliografie Verzet* (geactualiseerd tot 2004), Brussel, 2005 (toegankelijk via cegesoma.be/docs/media/Bibliographies/bibliografie_verzet.pdf).

LE GOUPIL P., *Résistance und Todesmarsch. Ein Franzose in Auschwitz, Buchenwald, Halberstadt und Langenstein.* Übersetzt und bearbeitet von Pierre Dietz, Hessen, Verlag Edition AV, 2015.

MAERTEN F. (red.), *Was opa een held? Speuren naar mannen en vrouwen in het verzet tijdens WOII,* Tielt, Lannoo, 2020.

MAK G., *In Europa. Reizen door de twintigste eeuw,* Brussel, Knack, 2008.

MEGARGEE G. P. (ed.), *The United States Holocaust Memorial Museum Encyclopedia of Camps and Ghettos, 1933-1945,* Volume I, *Early Camps, Youth Camps, and Concentration Camps and Subcamps under the SS-Business Administration Main Office (WVHA),* Bloomington, Indiana University Press, 2009, p. 297-440.

MEYERS W. en SELLESLAGH F., *De vijand te lijf: de Belgen in het verzet,* Antwerpen-Amsterdam, Helios, 1984.

MINISTERIE VAN JUSTITIE. COMMISSIE VOOR OORLOGS-MISDADEN, *De oorlogsmisdaden bedreven onder de bezetting van België 1940-1945. Het folteringkamp Breendonk,* Luik, G. Thone uitgever, 1949.

MINISTERIE VAN LANDSVERDEDIGING. COMMISSIE VOOR DE HISTORIEK VAN DE WEERSTAND, *Guldenboek van de Belgische Weerstand*, Brussel, Leclercq, 1948.

MULISCH H., *De zaak 40-61*, Amsterdam, De Bezige Bij, 1962.

NEFORS P., *Breendonk 1940-1945. De geschiedenis*, Antwerpen, Standaard Uitgeverij, 2004.

RESHÖHAZY É., e.a., *De laatste 242. De terechtstelling van collaborateurs na de Tweede Wereldoorlog*, Tielt, Lannoo, 2023.

ROCHETTE D. en VANHAMME J.-M., *Les Belges à Buchenwald, et dans ses kommandos extérieurs*, Brussel, Pierre De Meyere éditeur, 1976.

ROCHTUS D., *Van Reich tot Republik. Denken over Duitsland vroeger en nu*, Hofstade, Doorbraak, 2016.

RODEN D., *Ondankbaar België. De Duitse repressie in de Tweede Wereldoorlog*, Amsterdam, AUP, 2018.

ROOS G., *Buchenwald*, Parijs, Éditions Médicis, 1945.

SERRIEN P. en BOECKMANS L., *De laatste getuige. Hoe ik Breendonk en Buchenwald overleefde*, Antwerpen, Horizon, 2019.

STICHTING AUSCHWITZ, *De laatste getuigen uit concentratie- en vernietigingskampen. Geïnterviewd door jongeren uit Vlaamse, Brusselse en Waalse secundaire scholen*, Brussel, ASP, 2010.

TRIDO V., *Breendonk. Het kamp van den sluipenden dood*, Antwerpen, Uitgeverij J. Dupuis zonen & co, 1944.

VAN BRUSSEL L., *Partizanen in Vlaanderen. Met actieverslag van Korps 034-Leuven*, Leuven, Stichting Frans Masereel, 1971.

VANDECAUTER G., 'De Nationale Koninklijke Beweging in België', *Tijdingen van het Beatrijsgezelschap*, jg. 33, nr. 3, 1997-1998, p. 2-5.

VAN DEN WIJNGAERT M. e.a., *Beulen van Breendonk. Schuld en boete*, Antwerpen, Standaard Uitgeverij, 2010.

VANDER VELPEN J., *Breendonk. Kroniek van een vergeten kamp*, Berchem, EPO, 2020.

VAN DE VIJVER H., VAN DOORSLAER R., VERHOEYEN E., 'Het verzet (2)', *België in de Tweede Wereldoorlog*, Antwerpen/Amsterdam/Kapellen, 1988.

VAN OS P., *Liever dier dan mens*, Amsterdam, Prometheus, 2022.

VERBEECK G., *Het Derde Rijk. Een geschiedenis van het nationaalsocialisme*, Leuven, Acco, 2016.

VERHOEYEN E., 'Het Verzet', in *België bezet. 1940-1944. Een synthese*, Brussel, BRTN, 1993, p. 251-389.

X, *Een vrouw in Berlijn. Dagboekaantekeningen van april tot juni 1945*, Amsterdam, Cossee, 2018.

© 2024 Manteau / Standaard Uitgeverij nv,
Franklin Rooseveltplaats 12, B-2060 Antwerpen
en Bert Cornelis

Vertegenwoordiging in Nederland:
New Book Collective, Utrecht
www.newbookcollective.com

Eerste druk februari 2024

Omslagontwerp: Herman Houbrechts
Opmaak binnenwerk: 5NUL8 Grafische Producties

ISBN 978 90 223 4082 0
D/2024/0034/30
NUR 686/689